JN268227

子どもの こころが 潤《うるお》う生活

川手鷹彦
KAWATE Takahiko

誠信書房

——亡き祖母に捧ぐ

子どものこころが潤《うるお》う生活　目次

にげられて
おおかみおやぶん
おおあわて

ころころころりん　ころころりん　もろこしパンに

のやまはみどり　ひるにいねかりや　秋まつり　ケーロケロ　ケーロケロ　ケーロケロ

ケ〜ロケロ　ケ〜ロケロ　ケ〜ロケロ　朝に水まきゃ

1　父母の役割

十代の半ばすぎから終わりにかけて、私のこころは進むべき人生の道を探しあぐねていました。

迷い込んだ道からの脱出の方法を見つけるために読みあさった書物とは別に、私の疑問に答えてくれたのは、縁あって世話することとなった子どもたちの姿でした。私は彼らとわらべうたやナースリーライム（イギリスの童歌）をうたい、昔話を楽しみながら、美しく響く言葉の大切さや、それらの言葉の背後に見え隠れする世の真実に心打たれました。

若い私の魂は、ゲーテの作品に触れて感動しましたが、彼《か》の偉大なる巨人の説く「詩と真実」の実践を、身をもって教えてくれたのは、輝く瞳と瑞々《みずみず》しい感性を持つ子どもたちだったのです。

それ以来、私が子育てについて考え、語り、また実践するとき、子どもたちとともに創造の場をつくるとき、いつも念頭においているのは次のことです。

1　強すぎる刺激から子どものこころと感覚を守り、彼らが自ら想像力を働かせ、また他者への思いやりの気持ちを持てるようにすること

2　すべての存在に対する畏敬の念を養うこと

3　子どもの裡《うち》に微睡《まどろ》んでいる叡知を呼び醒まし、真実への衝動を励まし、生きることの意味を知るきっかけを持たせること

けれども、このような教育理念の充実した実践をほんとうにかなえるには、何よりもまず、日々の家庭生活が基盤となります。

ですから、この書物においては、いつも子を持つお母さまがたをこころに浮かべて筆を進めました。

けれどもそれは、大きな意味での母親、偉大なる母性というものです。そして「母性」とは、子どもの側にいる大人たちが、みな働かせることができ、また働かすべきものです。

たとえば母親が不在で、父や祖父母やそれ以外の大人が子どもの世話をしている場合は、

当然その人が母性を働かす存在になっているのです。ですから拙著は、現代社会における父母による育児の分担や、父子家庭を始めとする実母以外による子育てに矛盾するものでも差し障るものでもありません。

かくいう私も、父親を持たず、母親が外に働きに出ておりましたので、その間は祖母や伯(叔)母たちが私の面倒を見てくれました。そして私は、そのようなたくさんの母性に囲まれて育ったことを、どれほど感謝しているかわかりません。母は夜寝る前に、私自身を主人公としたようなしないような不思議な創作話をしてくれ、私はその話の展開をいつも楽しみにしておりました。けれどもそれ以外にも、祖母はことあるごとに「極楽と地獄の話」や「狐に化かされた話」を聞かせてくれ(第8章参照)、ひとりの叔母は陽当たりのよい縁側でわらべうたや賛美歌を歌ってくれました。

小学校に上がる頃になると、別の伯母が古典/近代文芸の手ほどきをしてくれました。それからまた、ひとりの叔父は蔵書のなかから数十巻の日本の民話全集を貸してくれましたので、私は夢中になって各地に伝わる昔話を読み進めてゆきました。

このようにして私は、豊かで美しい言葉の世界に幼い魂を浸すことができましたが、そのなかでも子どもの日々の想い出として深く心に刻まれているのが、お正月に遊んだ小倉百人一首です。

親戚中が元日に本家に集い、二組に分かれ、また輪になって和歌を詠み合い取り合うのでしたが、私も特別仲間に入れてもらい、いつも決まった一首だけを取らせてもらいました。

ほととぎす　鳴きつる方を　眺むれば　ただ有明の月ぞのこれる　後徳大寺左大臣

そして同じ歌でも人によって詠む調子や旋律が違っているのが、不思議で面白くてたまりませんでした。私は正月以外でも、ひとり百人一首をひっぱり出しては畳の上に並べて、伯(叔)父、伯(叔)母たちの詠ずる声を想い出しながら、同時に古《いにし》への人びとの生活にも想いを馳せていたものです。

世の中は　つねにもがもな　なぎさこぐ　あまの小舟の　つなでかなしも　鎌倉右大臣
わが庵は　都のたつみ　しかぞ住む　世をうぢ山と　人はいふなり　喜撰法師
これやこの　行くも帰るも　わかれては　しるもしらぬも　逢坂のせき　蟬丸

音にして響かせ、リズム豊かに語り朗《うた》われる言葉が、子どもの心身の育成にとってきわめて重要なことを、私はこのようにして身を持って体験することができました。ですから私は確信を持って、世のすべてのお母さまがた、子育てに携わる大人たち、教育者たちに、わらべうたや昔話そして古今の文芸の大切さを訴えます。そしてそのような民族の大切な宝、人類の宝を、子どもの柔い魂のなかに注ぎ込むことができるのが、かけがえのない小さな生命を守り慈しもうとする母性の力なのです。

叱りつけること、説教口調になることはですから、小さな子どもにとって決して相応しいことではありません。子どものこころは豊かな愛情と芸術のなかに健やかに育ちますが、不安や強迫のなかでは人間性の種も発芽せずに過ぎてしまうのです。

もちろん、危険ないたずらをしそうになったときには注意すべきでしょう。けれどもそれも呶鳴《どな》りつけたり叱りとばすのではなく、つまり自らの感情を荒々しくさせるのではなくて、その子を危険から守るために身を挺する覚悟が大切なのです。そのとき口調はたしかに、強くエネルギッシュになるでしょうが、愛情に裏打ちされた言葉は、子どものこころに決して暴力的には響かないはずです。

ところで教え喩《さと》すことが重要になるのは、小学校の中学年、十歳ぐらいから後のことです。そしてそこで初めて父親、あるいは父性というものが前面に登場してきます。それまで威厳ある存在として、かなたの高峰のように聳《そび》えていた父性が、今や子の魂と向き合い始めるのです。子どもの裡《うち》にも理解力や判断力が芽生え、父親が論理だてて言うことを受け入れることができるようになります。

そしてもちろん、ここでも血のつながった父親だけでなく、父性を担うべき存在、祖父や教師や近所の長老たち青年たちがみなでその役割を果たすのです。すでに述べた通り、私には父がおりませんでしたので、あるときは家長としての祖母が大いなる権威として存在し、また母はより具体的に、人の道にはずれ、悖《もと》ることをしてはならぬこと、弱き者に手を差し伸べて助けるべきことなどを、教えてくれました。

父性は子どものこころに芽生えつつある「自己」という意識に働きかけることができるのです。そしてその「自己意識」は世の真実への強い衝動を持っています。自分は何をするために生まれてきたのか、人が生まれ、苦しみ、そして死ぬことにはいかなる謎が隠されているのか。

そのような問いが、これから思春期を迎えようとする若緑の魂のなかに湧き立つのです。私も父性を持つひとりとして、それらの問いに答えうることの幾許《いくばく》かを、特に第12章にまとめました。

美しくたおやかな母性のもとに新しい生命が慈《いつく》しみ育まれ、確固たる父性がこころに真と善を呼び起こすよう、ここに願い祈るものです。

2　亡き人を偲《しの》びつつ……

愛情のこもった食事

私が愛し、そしてこの世の誰よりも敬っていた祖母が死んだのは、私が二十七歳のとき、まだスイスの演劇学校に在学中でした。

知らせを受けた私はすぐに帰国し、通夜にはどうにか間に合いました。

私は母とともに、毎日毎日泣きました。想い出話をしては泣きました。涙が止めどなく流れました。いったいこんなにも涙があったのだ、と自分で驚くほどでした。幼い頃から、あまり「泣く」ということをしなかった私は、そのとき初めて「哀しみに涙する」ということを知りました。

スイスに戻ってからも私は、ひとりになれば泣きました。祖母を失ったせつなさは大きく、苦しく、この先彼女なしで、どうして生きてゆけるのか、と思いました。

思えば祖母は、私にとってのすべてでした。

私は祖母の炊いた飯と、祖母のつくった味噌汁と、祖母の漬けた香の物で育ちました。

毎月一日と十五日に、祖母は御強《おこわ》（赤飯）を炊きました。私はそれがとても嬉しく、再び月の始まりと半ばが訪れたことを知り、ときの流れ、季節の巡りを感じました。季節といえば、月により、御強が筍《たけのこ》や人参、また栗やしめじや松茸の加薬飯に変わるのでした。

夏になると祖母は、私が浅漬の香の物が好きなので、夜明け前に起きてぬか漬をしてくれました。すると、朝食の七時頃には、ほどよく食べごろになるのでした。

それから私が幼稚園や小学校から帰ってくると、昼食やお三時の用意をしてくれるのも祖母でした。お腹をすかせて帰ってきた私の前に、煮物や酢の物が並べられ、祖母は食卓の向こうから、汗ばみながら汁物をすする私を団扇《うちわ》であおいでくれ、また蝿を追ってくれるのでした。そうして空腹が慰められ一心地がつくと、私は幼稚園や小学校であったこと、面白かったことや珍しかったことなどを、祖母に聞いてもらうのでした。

このようにかけがえのない愛を惜しみなく注いでくれた祖母を、私が敬わないわけがありません。私は何の見返りも求めない愛を祖母から学びました。けれど私は祖母に尊敬のこころを捧げたのです。

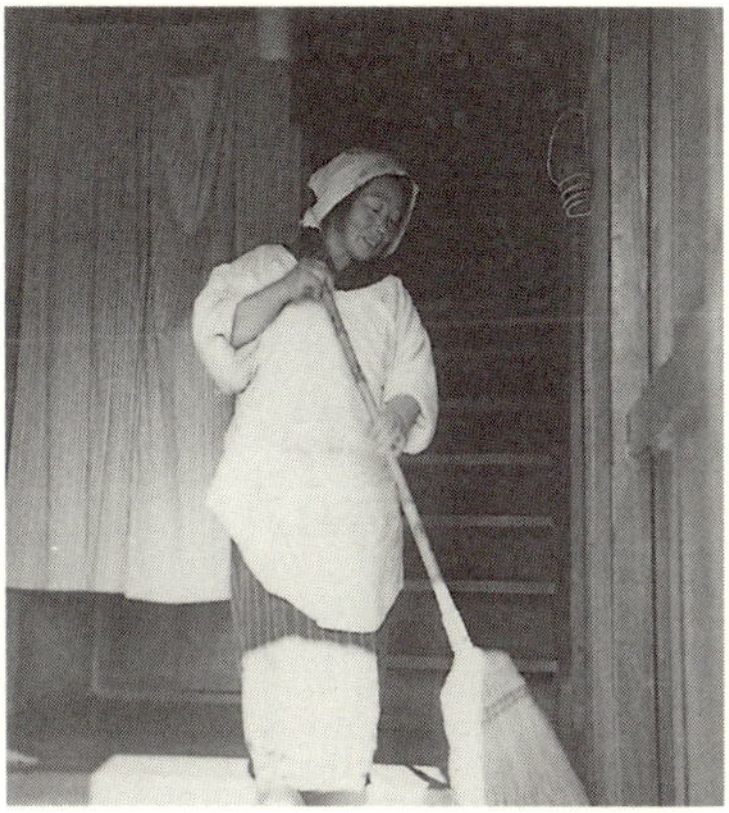

割烹着《かっぽうぎ》に箒の祖母

昨今「孤食」ということが言われます。家族が共に食卓を囲まず、それぞれが好き勝手に好きなときに好きな物を食べることです。とくに子どもたちのなかには、食べ物の嗜好も違うし、親から何かとガミガミ言われることもなく、気楽に食べられてよい、という気分が強いのです。

私はその行為自体に問題があるとは思いません。私の家は大家族でしたが、朝から晩まで次から次へと入れ替わり立ち替わり人が食事をし、私も昼食などは上に述べたように、ひとりで摂ることもしばしばでした。また、十年来私が足繁く通っているバリ島でも、祭りや儀礼のときなど特別の場合を除いては、食事の時間というものが特に決まっておらず、台所につくり置きしてある主・副菜を、腹をすかせた者が皿にとるか、とってもらうかして、台所や縁側など、これまた好きな所で食べるだけです。

けれどもバリの家族は、みなが互いに助け合います。普段の食事は別々でも、祭りが近づけば親戚中、近所中が力を合わせて供え物の準備をします。ですから大事なことは、形態ももちろんですが、それ以前のこころの問題、家族間の信頼関係だと思います。

現代日本の「孤食」現象は、社会性の崩壊・文化の荒廃によって家族というものが機能しなくなったことの顕れであるところに、事の深刻さ根深さがあるのです。ですから「孤食」だけを取り立てて嘆き悲しみ、古き良き時代の家族の団欒をなつかしみ、また無闇《むやみ》に強制したところで意味はありません。それよりも、新しい時代の個人主義・個体主義というものが、社会と共同体の崩壊に向かわず、これまでとは異なる形態の協働性や相互扶助に結びつくように探求するべきなのだと思います。

そして新時代の共同体育成の大きな可能性のひとつが、治療教育とそれに伴う芸術行為にあるでしょう。

そもそも、子どもたちは「孤食」を、なぜ気楽だと感ずるのでしょうか。それは大人たちがそうだからです。他人のことなどどうでもよい、自分さえ気分よく満足できればそれでよい、という考えが世に蔓延してしまったからです。そこには、他者に対する畏敬の念や慈愛のこころなどカケラほどもありません。それは「個人主義」ではなく、完全な「利己主義」です。

一方、治療教育の根底には、障害を持つ人びと・こころに傷を持つ子どもたち・非行に手を染めてしまった少年少女たちに対する、深い愛情と尊敬の念が存在します。それは、社会と時代の病いを究極的に担う彼らに対する驚嘆と畏れ敬う気持ちが、彼らに真摯に携るもののこころに、否応なしに湧き起こるからです。これからの家庭教育も、まさにそこに学ばねばなりません。そしてそのような共同体育成を実現するための、精神的な基盤づくりとしての役割を、家庭教育は本来果たすべきなのです。

母と子、父と子の間に育まれた信頼関係と真の「個体主義」が、人間の尊厳とは何かを理解することにつながるのです。家族に本当に愛されて育った子どもは、他の人びとをいかなる社会的枠組みをも越えて、愛することができるようになるのです。

ですから私も、祖母の溢れる愛情のなかで育った日々を、確かになつかしくは思いますけれど、彼女があたりまえのようにしたことを、現代の若い母たちに要求しようとは思いません。日の出前にぬか味噌を漬ける必要もありませんし、食事中の子どもを団扇であおぐ必要もありません。

もしも亡き祖母の伝言が二十一世紀の母親たち、そして教育者たちに届くことがあるとすれば、それは自分という全存在を、愛する対象のために投げ出すことができる、いつでも投げ出す覚悟がある、ということだと思います。さらには、そのような自己犠牲・献身が意味を持つのも、そもそもの自分、自己という存在の尊さを知っているからこそだ、ということです。

私は祖母の言うことをよく聞きました。なぜなら彼女のこころがしっかりと私の方に向いていたからです。彼女の語る簡単なひとことひとことは、いつも私のこころに響きました。なぜならそれらは、彼女の全存在によって語られていたからです。

食文化と「農民芸術」

「食」について語ろうとするなら、家庭における食事だけではなく、より広い意味での食文化について考えることが必要なのかもしれません。

食卓で「いただきます」を言うときに、お米をつくってくれた神さまとお百姓さんに感謝しましょう、と教えられたことがあるでしょう。しかし今日の食卓の上を眺めてみるに、そこにどれだけ私たちは農村文化との関わりを感ずることができるでしょうか。

宮澤賢治は、社会生活があまりにも分業化してしまうことの危険性を敏感に感じ取っていた詩人です。彼は宗教と芸術と教育が一体となって農業のなかに溶け込み融合する新しい文化を夢み、理想し、また模索したのです――挫折に挫折を重ねながらも、希望の灯をけっして絶やすことのなかった彼の意思は「羅須地人協会」としての実践に、また『農民藝術概論綱要』の思索と主張に、さらには詩集『春と修羅』の美しい言葉に、読み取ることができます。

これからの本当の勉強はねえ
テニスをしながら商売の先生から

義理で教はることではないんだ
きみのやうにさ
吹雪やわづかの仕事のひまで
泣きながら
からだに刻んで行く勉強が
まもなくぐんぐん強い芽を噴いて
どこまでのびるかわからない
それがこれからのあたらしい学問のはじまりなんだ

（『春と修羅　第三集』作品番号一〇八二より）

そして賢治の遺志を現代に受け継ごうとするなら、それは前項でも触れた「治療教育」だと思います。

農作業や園芸を通じて、子どもたちは太陽や大地の恵みに直《じか》に触れることができ、また季節の移ろう美しさ素晴らしさを感じ取ることができます。かつ、彼らとともにつくる野菜や穀物には真の愛情が吹き込まれて、世界中どこでつくった農作物よりもおいしいのです。さらにその農作業は養蜂や養蚕、紡織や木工へと展開し、芸術性豊かな「衣」や「住」へと結びついてゆくでしょう。

こうして「治療教育」というものが、地域社会における文化の中核的な担い手となってゆけば、そこに住まう人びとは、現代におけるこころに傷を持つ子ども・若者たちの存在の重要性を感じ、彼らの痛みが優れた芸術性につながってゆくことを知り、そしてそれを自らの家庭生活・社会生活の鏡とし手本とするでしょう。

死者とともに生きる

古来の食文化に学びながら、それを新しい時代に即したものに変容する必要があるように、私もいつかは祖母を失った悲しみを未来へと生きる力に変容させる必要に迫られていました。「哀しみに涙する」ことを知る体験は、私にとってかけがえのないもので、その経験が以降の私の生き方にとっても大きな意味を持つのでしたが、一方で「哀しみ」ばかりが生活を彩る色調になってしまっても困ります。

私がなんとか「哀しみ」から立ち直り、「哀しみ」を生きる力に変えることができたのは、一冊の書物と、その書物によって突然甦《よみがえ》ったごく幼い日の想い出でした。

一冊の本は、ドイツの友人が「哀しみ」に暮れている私を案じて贈ってくれたものでした。

そこには大事な父を亡くした母と兄妹の、驚くべき体験が綴《つづ》られていました。一家の主柱を失ったその家族は、いったんは悲しみの底に落ちるのですが、娘の不思議な体験をひとつの転回点として、亡父と娘との交流を軸に、新たな生活を営むようになるのです。

もし私が通常の状態にあってその本を読んだなら、そこに書かれていることをあるいは眉唾物ではないかと疑ったかもしれません。いや、そもそものような本に出会うことも、手にとることもなかったでしょう。

しかし、祖母を亡くした痛みを癒やす方法を探していた私にとっては、その本が願ってもない糸口となりました。私は書物の内容のような超常体験を得ることはできないまでも、まずは少なくとも、自分の意識を変えることはできると思ったのです。

もし祖母が、死後も意識を持ち続けているとするならば、彼女は私の「哀しみ」を、けっしてよしとはしていないはずです。彼女が死後の道を歩んでゆくとするならば、私の「哀しみ」は彼女の天への旅にとっての邪魔になりこそすれ、励みにはならないでしょう。

私は祖母のためなら、この「哀しみ」を生きる歓びにすることができると思いました。なぜなら、私は祖母を失ったわけではないからです。それどころかスイスにいる私にとっては、生前の祖母とはどちらにしても離れて生活せねばならないのでした。それが今や私は、祖母のこころとともに生きることができるようになったのです。

さて、以上のような私の意識のコペルニクス的転回は、たしかに件《くだん》の書物によって励まされたのではありましたが、とはいえ読書のみからでは、果たしてここまでの意識の変革ができたかどうかはわかりません。私はこの本をきっかけに、すでに記憶のかなたに眠っていた想い出を引き出すことができ、その想い出により「死者とともに生きる」ことの確信を得ることができたのです。

それは子どもが生活を記憶として刻んでゆく始めの場面のひとつでした。

それは祖母からさらに一世代遡《さかのぼ》った、曾祖母《そうそぼ》の想い出です。

私にとっての「ひいおばあちゃん」は、上品で優しく静かな人という印象です。彼女は私たちとは同居しておらず、しかし近所の、祖母の弟の家に住んでいましたので、よく私の家に祖母を訪ねて来ました。「ひいおばあちゃん」が来ると私はまっ先に玄関に飛び出し、スリッパを並べました。

「たかひこはよく気のきくいい子だ」

と褒められるのを期待してのことです。

その優しい曾祖母が死にました。

私は「死」というものを未《ま》だ理解できず、祖母に手をひかれて曾祖母の臨終の床にゆきました。

私は「死」というものがわかりませんでしたので、曾祖母が眠っているとばかり思っていました。すると白い布で被われているはずの彼女の顔がこちらを向いて話しはじめました。

「たかひこ来てくれたんだね」

私は尋ねました。

「ひいおばあちゃん、みんなどうして泣いているの」

「私がこれから遠いところへゆくのを悲しがっているのだよ」

「僕も行ってほしくないよ」

「いやいや、そういうわけにはゆかないのさ」

「じゃあ、僕も一緒に行っていい」

「残念だけれど、それもできないのだよ。ではそろそろゆかなくてはね」

周囲の慟哭《どうこく》が高まりました。そのときちょうど、曾祖母は息をひきとったのでしょう。もちろん私には、そのこともわかりません。すると今度は、曾祖母が床から立ち上がって、狭い階段を降りてゆきました。私もついてゆきました。

家の前の通りには黒くて厳めしい車が待っていました。子どもの目にはおびただしい数の、親族や近所の人びとが立ち並んでおりました。その人混みが左右に分かれるなかを、曾祖母は静やかに歩んで、今一度こちらを振り向きました。

「それではね、たかひこ」

「ひいおばあちゃん、本当に行ってしまうの」

「そうだよ」

「ではもう、これっきり会えないの」

「そんなことはない。わたしはこれから遠くへゆくが、そこからおまえのことをいつも見守っているさ。それにね、いつかはおまえたちもそこへ来るのだよ。おまえのおばあちゃんもお母さんも、それにおまえもね。そのときは、そこでみんな会えるのだからね。わかったろ」

「うん、よくわかった」

「ではゆくよ、たかひこ。おばあちゃんとお母さんを大事にするのだよ……さようなら」

そうして曾祖母は黒い車に乗り込みました。車のエンジンがかかり、慟哭がひときわ高まりました。しかし私は、全き安穏の気持ちで曾祖母を見送りました。そしてまた祖母の手にひかれて、家に帰っていったのです。

幼い日の想い出がいまこうして甦り、人の死というものの意味をわからせてくれました。

この想い出は、何の偏見もない幼い子どものこころにしっかりと刻まれたものです。ですから曾祖母が私に教えてくれたように、祖母も今、曾祖母のいる「天の母たちの国」へ向かったのに違いありません。

祖母が天への旅を無事に遂げることができるように、そして彼女からの伝言と励ましを少しでも聞き取ることができるように、私はこころを磨こう……そう決意するのでした。

「死」の体験と学び

時代が進んで家族の規模が小さくなり、また親類や隣近所とのつき合いが希薄になってゆくと、身近な者の死を幼いこころが朧気《おぼろげ》に体験することがむずかしくなってゆきます。よしや、幼いうちに祖父母等の死に目に会ったとしても、現代病や現代医療のなかでは「安らかな死出の旅立ち」を側《かたわら》に体験することが、なかなかに困難です。

一方、巷《ちまた》では、恐ろしい殺人事件が頻発し、メディア等を通じて、そのまま子どもたちの耳目に触れてしまいます。ここでもやはり、「死」というものが肯定的に捉えられるのは至難です。

こうした時代にあって、「死」の貴さというものを、子どもたちに充分に、しかし朧気に伝えることができるのは、やはり「昔話」でしょう。

「昔話」は人の死を美しい映像のなかに描きます。そこには「死」というあまりにも直接的な言語表現はありません。あるときは河を渡り、谷を越えること、あるときは滝のむこう側にゆくこと、またあるときは井戸にとび込むことにより、死の扉をくぐることが表現されるのです。

世界中いたるところに、実母と継母の物語が存在します。そしてそのいずれにおいても実母は話の始まる時点か、始まって間もなく亡くなっており、かつ継母は意地の悪く残酷なキャラクターです。グリムの童話集では『白雪姫』や『ホッレおばさん』がそうです。日本ではすでに『神道集』のなかに、インド起源の話として『二所権化』が伝わり、また全国各地に『ぬかとこめ』という類のタイトルで、実母の娘と継母の娘の対照的な様子が描かれています。

私たちはこれらの話を短絡的に、家族関係の複雑化を語ったものであるなどと、理解してはなりません。それは大人の解釈です。

「継母」というのは、この地上に生きることのあらゆる困難さの象徴なのです。この世を生きてゆくときには、上手くゆかないことばかりです。望んだままを与えられることなど、めったにありません。それらの事象を人格化したものが「継母」の存在なのです。

一方、「実母」は天上の原理を現わします。この世における物質的不足は天の豊かさ、精神的豊かさにつながり、実生活での競争に敗れることは、実は大きな学習として天の勝利をもたらすのです。

巻末（補遺）に示した幾篇かの昔話のなかから、「米子と麦子」を御覧になってくださ い。麦子は幾多の地上的不幸を体験した後、井戸に身を投げて死後の世界に赴きます。けれども多くの苦労を積み重ねた麦子の魂は、天上における豊かな学習と発展を許され、再び地上に降りてきたときには、知恵深き才（＝宝の箱）を伴っているのです。

子どもたちはこの話から、「死」の貴さはもちろん、新しく「生」を迎えることの偉大なる神秘にも触れることになるのです。

3 光と影の役割

祖母は夕餉《ゆうげ》の仕度まで、よく繕《つくろ》い物をしていました。古くなった日本手拭いを縫い直して膳布巾《ぜんぶきん》をつくる、などのことです。

そして夕闇が迫っても、なかなか電灯をつけませんでした。当時まだ珍しかった洋風の食卓の向こう側で、着物を着、髷《まげ》を結った彼女が、柔らかい帯のような薄暗がりに包まれてゆくのを、幼い私は不思議な気持ちで、しかし何か慰められるような心地よさで見ていました。

このような光景は、最近はほとんど見られなくなったことでしょう。今では真っ昼間でも電気をつけるのが当たり前です。

刺激に対して人間の感覚は、「慣れ」や「摩痺《まひ》」を起こし、それまで過剰だと感じていたものもいつの間にかちょうどよくなり、そのうち物足りなくなってしまうのです。
ですから、部屋の明るさはどんどん明るくなってゆきますが、そこで失うものも大きいのです。外から射しこむ陽光によってできる光と影の織り成しは、豊かで微妙で絶えず姿を変えてゆきます。太陽が雲に見え隠れするときの光の強弱、窓の向こうを人や乗り物が通り過ぎるときにできる影の動き、そして夕闇が迫るときの謎めいた気分、それらによって子どものこころは深く豊かになります。けれどもこのような体験なしに成長した子どもには、光と闇の感覚が充分に育まれず、周囲との調和の気持ちや感性の繊細さに欠けてしまうことにもなりかねないのです。

「ドッドド、ドドウド、ドドウド、ドドウ、
ああまいざくろも吹きとばせ、
すっぱいざくろも吹きとばせ、
ドッドド、ドドウド、ドドウド、ドドウ、
ドッドド、ドドウド、ドドウド、ドドウ」
先頃又三郎から聴いたばかりのその歌を一郎は夢の中で又きいたのです。
びっくりして跳ね起きて見ましたら、外ではほんとうにひどく風が吹いてうしろの林は

まるで咆えるやう、あけがた近くの青ぐろいうすあかりが障子や棚の上の提灯箱や家中いっぱいでした。

（宮澤賢治『風野又三郎』〈『風の又三郎』の先駆形〉より）

上の賢治の表現を見ても、光（文中では「うすあかり」）というものを「一郎」はひとつの具体的な存在として見ています。

子どもは本来、豊かな自然の諸要素（土・水・火・風・光・影・等々）のなかで、それらと親しく交わりながら、それらへの愛を育みつつ成長してゆくならわしでした。彼らにとっては風の音も川の流れも、そして太陽の熱と光も、語り合い戯れ合うことのできる、大切な友人なのです。

なかでも「うすあかり」や「薄暗がり」は、子どもが豊かな想像力を縦横無尽に働かすことのできるときです。それは「日の出や日の入」あるいは「暁《あかつき》と黄昏《たそがれ》」と言い換えてもよいでしょう。そのとき幼い魂には、生と死の大切さが刻まれるのです。光の訪れとともにこころは湧き立ち、闇の訪れにこころはしめやかになります。

私ども「青い丘・表参道學舎」で行なっている子どもたちのグループ活動「まるめろの木」でも、相当曇って暗くとも、本当に必要なとき以外は電灯をつけないで子どもたちを遊ばせています。すると彼らは、窓の外の光の存在を感じることができます。壁に写る人影におののき、雲の切れ間から射し込む陽光で部屋中いっぺんに変わる様子に喜びます。――そしてこのような体験は、取るに足らない目立たないことのようでありながら、「感覚の繊細さや豊かさ」というものを、子どもの裡《うち》に徐々に育ててゆくのです。

先ほど賢治は、以上のような「光と影」「光と闇」の体験のうち、「光の訪れ＝うすあかり」について示してくれました。今度は「闇の訪れ＝薄暗がり」の不思議さ面白さを伝える詩をご紹介しましょう。

たそがれどき　　　　北原白秋

たそがれどきはけうとやな、
傀儡師《くぐつまはし》の手に踊る
華魁《おいらん》の首生《なま》じろく、
かつくかつくと目が動く……

たそがれどきはけうとやな、

潟《がた》に堕《おと》した黒猫の
足音もなく帰るころ、
人霊《ひとだま》もゆく、家《や》の上を。

たそがれどきはけうとやな、
馬に載せたる鮪《しび》の腹
薄く光つて滅《き》え去れば、
店の時計がチンと鳴る。

たそがれどきはけうとやな、
日さへ暮るれば、そつと来て
生膽取《いきぎもとり》の青き眼が
泣く児欲しやと戸を覗《のぞ》く……

たそがれどきはけうとやな。

（抒情小曲集『思ひ出』より）

ここには生死の境にあるさまざまな存在が登場します。それらは恐ろしげでありながら、幼い頃の詩人にいやがおうでも好奇のこころを起こさせました。

白秋はこのほかにも、〈酒倉のかげ〉や〈穀倉のほめき〉そして〈夕日の水路〉（傍点著者）など、「光と影」の思い出から、たくさんの優れた作品を生み出しています。

このように豊かな想像力や創造性を実らせてゆく大切な苗床であるにもかかわらず、「闇」や「薄暗がり」は近年、人の目の敵にされるようになってしまいました。夕方だろうが昼間だろうが爽《さわ》やかな朝だろうが、部屋のなかが少しでも暗いと日本人は、ほとんど敵《かたき》討《うち》でもするかの如き早技で電気のスイッチを入れます。

「暗いところで本を読むと目が悪くなる」

これも一九六〇年代ぐらいから日本で一斉に言われ出したことですが、このようなことも全く疑いなしに受け入れてよいものだろうか、と思うことがしばしばです。

というのも、日本以外に、スイスやドイツ、そしてインドネシアのバリ島にも永く滞在していますが、上のような言葉は、一度も聞いたことがないからです。

ドイツの治療教育施設では、プログラムの準備を前日の夕方によくするのですが、ピアノや笛やヴァイオリンの稽古をするとき、楽譜の字が闇にまぎれてしまうまでは、みな目をこらして音譜を追っています。スイスの劇団でも、台本の読み合わせを楽屋でしているときなど、やはり相当暗くなっても誰も電気をつけようとしません。けれどもみな目が悪いかといえば、そんなことは少しもないのです。

バリ島でも、私の世話になっている家では、二〇ワットぐらいの電球の下で、新聞や雑誌を読み、食事をし、また「チュキー」と呼ばれるカード遊びに興じています。影絵芝居など、たったひとつのランプに照らし出されたスクリーンを、村中の人びとが見て楽しんでいます。しかし、バリに近視の人はあまりいません。

そういえば、私の祖母も、冒頭に記したように毎日外が暗くなるまで電灯なしで針仕事をしていましたが、亡くなるまで大変目のよい人でした。

もしも先のような、「暗いところで本を読むと目が悪くなる」等のスローガンが、物事の真実から発したものではなく、背後に何らかの経済的意図があって流布されたものであるとするなら、そして、そのことによって「光と闇の戯れ」を、この島国の子どもたちが経験することがむずかしくなってしまったとするならば、その「経済的意図」というものこそ、大変恐ろしい存在であると言わねばなりません。それは、白秋が描いた抒情に満ちた「黄昏・闇」のけうとさ、恐ろしさなど、ひとたまりもなくふっ飛んでしまうものでしょう。

そしてそのような光の恐ろしい力、「光の害」は、今やメディアを浸蝕して、子どもたちの生活に大きな影響を及ぼしています。ではそれについて、章を改めて述べましょう。

4 メディアとファンタジー

ある養護施設での話です。

夕方、学校に通っている大きな子どもたちもそろそろ帰ってくる頃。白壁の美しい建物全体が生き生きと活気に満ちていました。

お風呂に入れてもらっている幼児たち、トランプや玩具で遊んでいる子どもたち、ヴォランティアの学生に予習・復習を見てもらっている小学生たち、等々……。テレビも数台置いてあり自由に見られるようにはなっていましたが、それぞれのテレビの前にひとりか二人ずつ座っているぐらいで、番組もさまざまでした。

ところが突然、先ほどまで賑やかだった建物が急に静まりかえったのです。その施設に通っておられる音楽セラピストの方を私は訪ねていたのでしたが、セラピー室にいる子どもたちもなぜかそわそわし始めました。

私はいぶかしく思い、部屋から出て廊下を歩き、テレビの置いてあるところを見てまわりました。

番組は「ポケットモンスター」でした。そしてまさに施設中が〈小さな怪物・小さな獣〉に牛耳られていたのです。子どもたちは全員テレビにかじりつき、微動だにせず画面に「釘付け」になっていました。私は震えが止まりませんでした。そのとき私のこころには、次の言葉がはっきりと浮かびました。

そして獣には聖なる者たちと戦い、これに勝つ力が与えられた。また獣には、あらゆる種族、民族、言語、国家を支配する権威が与えられた。

……

「だれが、この獣に比べられよう。だれが、この獣と戦えよう」

（『ヨハネの黙示録』第十三章より、川手訳）

小さなけもの

一九九七年十二月二十六日に起こった大量発作事件、たくさんの子どもたちが「てんかん発作」に類似する症状を起こし、また頭痛やめまいなどを訴え、七百五十人が病院に運ばれ、うち百五十人以上が入院した、あの事件の教訓は一体どこへ行ってしまったのでしょうか。

局側は「パカパカ」と呼ばれる光の交錯操作に規準を設けて、発作の恐れはなくなったと言っています。けれども私はそのとき初めてその番組を見ましたが、目は充分チカチカして嫌な気分になりました。それも見たのは、ほんの一瞬のことなのです。

ところが今こうして、敏感な子どもたちが長時間画面を凝視している――そしてこの施設だけでなく、同じ時間に日本中の子どもたちがテレビにかじりついているのだろう。それを思うと、改めて身が震え、こころは凍りつくほどでした。

「一秒間に何回以下」と決められた光の交錯は、回数が減ったからといって果たして安心してよいものなのでしょうか。事件が起きたとき、軽いめまいから入院するほどの発作まで、子どもたちの反応は一様ではなかったのです。であるなら今も、発作にまで至らずとも気分を悪くしている子はたくさんいるのではないでしょうか。

またそれとともに、多分いく万人もの子どもたちが、互いに何の約束もせず同じ時間に同じものを見ているという光景はそもそも、健全なものといえるのでしょうか。

たしかにテレビは便利です。たとえば、いち早く世界の情勢や行く先の天候を知ることができます。その利便性を私たちは生活に役立てています。けれども上の状況は、とても「利便性」というものではありません。どちらかといえば「洗脳」や「操作」という言葉が思い浮かびます。

いったい、いつ頃から、テレビやマス・メディアはこれほどの力を持ち始めたのでしょうか。

わが国のテレビ放送開始は一九五三年です。

そして、四年後の五七年には、テレビの普及台数が三十万台になります。

その年、ある娯楽番組の低俗性を批判して、大宅壮一氏が「一億総白痴化」と看破します。

そして一九六〇年にはテレビの受信者が五百万を越え、大宅氏の警鐘が徐々に現実化してゆきます。

ところがこの年の秋、十月三十日（日）に、不思議な番組が放映されました。

「テレビ――二十世紀に生まれた産物で、これほど莫迦なものはない。一億総白痴化だ」

……

「さて、これは中世代に栄えた爬虫類ですが、私たちはこのイグアノドンの卵を二つ持っております。一つは原子力、一つはテレビです」

……

〈イグアノドンの卵、うっかり放っておけない〉

〈こわいけものに変わる〉

（小林信彦『テレビの黄金時代』に引用されたテレビ番組の台本より
『文藝春秋』平成十三年一月号に掲載）

「イグアノドンの卵」という番組からの一コマですが、今読んでも考えさせられる内容です。

そして、このような番組ができたのも、予想できなかったほどの爆発的な〈けもの＝イグアノドン〉の勢いと人気に、当のテレビ関係者こそが、ひとつの危機感を覚えていたからではないでしょうか――メディア内部での自浄作用が当時はまだ残っていたのでしょう。

一方、映画界では、テレビ放送開始の翌年、一九五四年に『ゴジラ』が出現しており、上の〈イグアノドンの警鐘〉を先取りしていました。

ゴジラにしても、また後に登場する蛾の化け物モスラにしても、古代から遍《あまね》く地上の諸民族の神話や伝説・昔話に伝わる巨人や怪物の現代版で、人間がまだ制御することのできない大自然の諸力の象徴です。ただし、ゴジラやモスラは、その諸力のなかでも、特に原子力や核実験や放射能に深く関わることから、まさに現代における象徴神話といえるでしょう。

モスラといえば、東京タワーに巻きついた繭《まゆ》の姿が印象的ですが、世界一高かったこの「大電波塔」が完成したのが、一九五八年の暮れになります。東京タワーは以降の怪獣映画には必ずといってよいほど登場し、あるいは怪物の巨大さのものさしとなり、あるいは当の怪物になぎ倒されてしまうのでしたが、ゴジラもモスラも東京タワーも、これらはみな〈けもの＝イグアノドン〉の大いなる恐ろしい力の顕れと考えることができます。

それから半世紀近くがたち、テレビ等のマス・メディアを危険視するなどということは、ほとんど影を潜めました。それどころか猫も杓子もみなブラウン管に出たがり、「一億総タレント化」といわれるようにさえなりました。〈イグアノドンの警鐘〉にも隔世の感を禁じ得ないのですが、その実、事情はさらに深刻化しています。

先に述べた通り、新しい時代を担うべき子どもたちは、イグアノドンやゴジラのような巨大な怪物ではなく、〈小さな怪物・小さなけもの〉の虜になっているのです。そして、その影響力と危険性は、過去に登場したどの怪物よりもはるかに大きいのです。
今や〈小さなけもの〉は海を渡り、米『タイム』誌（アジア版）で人気キャラクター「ピカチュウ」が「一九九九年最高の人物」に選ばれ、ほかの多くのアニメーションと違って「暴力的場面が少ない」とアメリカの一部の識者に賞賛されました。そしてキャラクター・カードの異常な収集熱による盗みや脅し、殺傷事件を引き起こし（アメリカ・カナダ・ドイツなど）、子どもを高所から飛び降りさせて（トルコ）います（年表参照）。

〈ポケットモンスター関連事件年表〉

一九九八年四月　アニメーション番組「ポケットモンスター」再開。
　　　　九月　「POKEMON」米国ローカル局で放映開始。
一九九九年二月　キッズWB（ワーナー・ブラザーズ・ネットワークの子ども番組専門局）が全米で連日放映開始、視聴率（子ども番組）全米トップ。
　　　　四月　米国・カナダの小学生の間でポケモンカード集めがブーム、盗難・争奪事件続出し、各地で校内持ち込み・交換を禁止または規制。一月からの販売枚数はすでに数百万を記録。
　十一月十日　映画「ミュウツーの逆襲」（ワーナー・ブラザーズ）全米封切、初日興行収入一千万ドルで、アニメーション映画の平日公開興行記録、週間興行収入でも全米ランキング一位の五千二百十万ドル、因《ちな》みにポケモンカードは二十四億枚を販売（日本では十六億枚）。

十二月　米誌タイム（アジア版）は、「一九九九年最高の人物」としてピカチュウを選出。

二〇〇〇年三月　米・加州の裁判所が、ポケモンカードを児童から取り上げ紛失させた学校と管轄の教育委に、千五百ドルの賠償を判決。

十一月　トルコでポケモンを真似た児童の飛び降り・負傷相次ぎ、放映中止令。世界約六十ヵ国で「ポケモン」放映。

十二月　露紙イズベスチヤが、ポケモンはロシアの子どもたちをゾンビ化させると、一面トップ記事で警告。

二〇〇一年一月　ドイツ西部デュイスブルクでポケモンカードをだしに九歳男児が誘拐・殺害・頭部切断される。

（以上、朝日新聞・毎日新聞の記事等をもとに作成）

まさに黙示録の成就です。

……また獣には、あらゆる種族、民族、言語、国家を支配する権威が与えられた

想像力の形成と根絶やし

こうして〈小さなけもの〉は、世界中の子どもたちのこころをわが物にしました。ところで、この〈けもの〉、この「光の刺激」の恐ろしさは、疑似てんかん発作や、盗みや脅しや暴力事件の原因としてだけではありません。事は子どもの内面形成に深く関わっています。〈けもの〉は子どもたちのファンタジー（想像性）の世界への侵略者なのです。

テレビを見ているときの子どもの様子と、昔話を聞いているときの子どもの様子を比べてみます。

テレビを見ている子どもたちの目はまさしく「釘付け」です。すべての像、すなわち登場人物も風景も、それらの為す行為もみな画面で細部までつくりあげられますから、子どものこころは何もする必要がなく、ただ受け入れるだけです。しかしその結果、すべては画面任せとなるので、目を放すことができなくなる、即ち「釘付け」になるのです。そして、この点こそが、読書や昔話を聞くなどの伝統的な行為と決定的に違うところです。

昔話に耳傾けているときの子どもは、聞こえてくる言葉の響きに心震わせながら、想像力を働かせ、独自の風景と映像をこころに創り出して、その像を見ているのです。もちろん、テレビを見ている子どもたちも、たしかに画面に反応して喜怒哀楽を表現はするでしょう。

しかし問題はそこにあるのでなく、その喜怒哀楽の基になる情景や映像を生み出したのが、自分自身のこころなのか、それともテレビ番組と画面という外部者なのか、ということです。

そして、この「光の刺激」は、ほかのテレビ番組・ゲーム機器などからも発せられています。〈ポケモン〉事件はその究極的現象だったのですが、「光の害」は〈ポケモン〉に始まったわけではなく、また〈ポケモン〉で終わるわけでもありません。ですから〈ポケモン〉を賞賛するのはもちろん大問題ですが、だからといって〈ポケモン〉だけを槍玉にあげても意味がありません。私たちはテレビ自体、メディア自体の刺激の、子どものこころへの影響について真剣に考えなければならないのです。

テレビという存在は本来、「真実をいち早く正確に伝える」という報道的役割を担うべきものであり、そしてその役割自体は大変重要で、それは大人のためのものです。大人は強い刺激に対するある程度の抵抗力を持っています（とはいえ、強すぎる刺激はやはりよくありません）。それに自ら選択し、強すぎる刺激は拒否する判断力を持っているはずです。

ところが、子どもはまだ無防備・無抵抗で、選択や拒否を自らすることができません。そこで一方では発作のような、身体による最終「拒否反応」を起こし、またこころの成長においては想像力や創造性を根絶やしてしまうのです。

遊べる子どもと遊べない子ども

そしてその結果は、すでに世の中の至るところに出ています。

それは《遊べない子どもたち》の出現であり、また《自分を見つけようとしない若者たち》、更には《人を思いやれない大人たち》の大量発生です。

まず《遊べない子どもたち》の登場です。

通常子どもは、二歳半ばから三歳ぐらいになると、それまで外界に対してほぼ完全に開いていた諸感覚を制御して、自らの内面を秩序立て、記憶を生み出し、過去の経験を呼び起こしたり（表象）、それらを新しい感覚体験に合わせて自由に組み合わせる（想像）ことができるようになります。

ところが、テレビやゲームなどのメディア漬けで育った子は、その段取りをしないまま、できないままに育ってしまいます。

そのような子どもが、私ども「まるめろの木」のグループ活動の場に来ると、初めのうちどうして遊んでよいのかわからない様子が見られます。どんぐりや松ぼっくり、流木や古い布が置いてあっても、それらを何かに見立てて（＝想像して）遊ぶことができない。ほかのお友だちと一緒にごっこ遊びやわらべうたを楽しむことができない。昔話に耳傾けるなど、何か一つのことに集中することが大変苦手である……。

昔話を聞く子どもは、初めは新しい物語の世界に引き込まれて、心を内側から働かせます。外見はじっとしていても、目は輝き、こころが湧き立っている様子がわかります。そして同じ物語を繰り返し聞いてゆくに従い、身体が自然に動いて、おじいさんやおばあさんや恐ろしい山の「とらおおかみ」*になり変わったり、一緒に語り始めたり、あるいはますます集中してこころを動かします。

ところが「メディア漬けの子」は、お話が始まってもそわそわして聞いていられません。人の言葉は電気音よりは直接的な刺激が少なく、物足りなく感じてしまい、落ち着かないのです。そして、そのうちぐったりと疲れたように寝そべってしまいます。

自分を見つけようとしない若者たち

以上のような子どもたちが、得てして《自分を見つけようとしない若者たち》になるのです。

---

*注　とらおおかみ：大きくて恐ろしい狼、九州地方の昔話に現われる。しかし子どものこころには、狼とは別のとてつもなく不可思議な生き物として想像される。

生まれてこのかた自分から進んで物事を為したことがない。昔話の代わりにアニメーション、ごっこ遊びの代わりにファミコン、わらべうたの代わりにCD。さらに、食事はレトルトとスナック菓子と外食、休日になっても美しい自然に触れることなく、美しい絵画を鑑賞することもなく、テーマパークでグロテスクな乗り物に乗り、美も芸術性のかけらもないイヴェントに時を費やす。こうして、すべてお膳立てされたものだけに乗っけられて育った少年少女が、いったい自分の人生を如何に生きようなどと考えることができるでしょうか。

私は、職業に就く就かない、を述べているのではありません。いわゆる「フリーター」のことを批判しているのではないのです。それどころか、定職に就くより、組織に所属せずに生きる方がどれだけ自由であるかわかりません。私が問題にしているのは、「生きる」ということに意味を見つけ出せるのか、あるいは見つけようとしているのか、ということです。

人生如何に生くべきかを真剣に考え、そのことに苦悩し、そして一筋の光を見つけ出してゆく歓びは若者の特権です。思春期はもちろんのこと、成人してもしばらくの間、失敗してもいくらでもやり直すことのできる時代に、若者は未知なる世界に飛び込み、未知なるものに出会って成長してゆくのです。私が、道に迷う若者たちに対する演劇教育を重要に考え、提唱し続けているのもそのためです。

演劇芸術において彼らは、自らのこころを高揚させ、喜怒哀楽を激しく、しかし美しく働かせて、こころのわだかまりを洗い流し(浄化・カタルシス)、自分本来の在り方を見直して、その本来の姿が求める純粋な生き方への衝動を呼び醒《さ》ますからです(第12章一四〇頁「現代に生きるオイディプス」参照)。

ところが現代社会は、若者の衝動をそもそも育てず、それどころか衝動が芽生えたとしても、その度に萌芽を摘みとる方向に傾いています。こころの在り方をないがしろにし、学歴や富や名誉など、目に見えるものだけを重視する社会です。

人を思いやれない大人たち

そしてそのような社会に《人を思いやれない大人たち》が充満しています。

ごっこ遊びで自分を何か別の存在に見立てることは、他人の気持ちがわかる始まりです。お母さんになって、お母さんの気持ちになり、動物たちになって動物たちのこころがわかり始めるのです。

大自然の懐に抱かれて未知の動植物と触れ合い、またわらべうたや昔話を通じて、さらに未知なるものに出会ってゆく体験は、生命の大切さ、死の大切さ、つまり存在の尊厳をこころに刻むことができるのです。けれどもそのような体験をほとんど持たずに成長してしまったなら、人は利己主義のかたまりになるか、すべて世間の風まかせになってしまうでしょう。自分と家族の富と名誉しか考えられない人びと、権力にすり寄り流行に流される人間たちによる世の中がこうしてできあがるのです。

子どもたち・若者たちはこれまでも、そのような世間の風潮に対し、危機感を訴え、できる限りの抵抗と反論を試みてきました。実は非行や不登校や引きこもりも、そのような抵抗の顕れなのです。それらの抵抗の仕方は、たいがい年齢や状況から見ても止むを得ず稚拙であり、また乱暴であるのですが、しかしごく稀に、その訴えを、美しく繊細な言葉に結晶させることのできる子どもが現れます。

かえしてよ
大人たち
なにをだって
きまってるだろ
自分を
かえして
おねがいだよ

（岡真史「無題」『ぼくは12歳』ちくま文庫収載）

一九七五年、齢《よわい》十二で自らの人生に終止符を打った岡真史《おかまさふみ》という少年が、その最期の頃に書いたものの一つです。
すでに地に堕ちてゆく人間存在の尊厳と人と人との真のこころの触れ合いの喪失、そのような現代の病い、二十世紀の病いを見透かすかのように、幾編もの優れた作品を残して岡少年は大空に身を投げました。

じぶんじしんの
のうより
他人ののうの方が
わかりやすい
みんな
しんじられない
それは
じぶんが
しんじられないから

（岡真史「じぶん」『ぼくは12歳』ちくま文庫収載）

それから四半世紀が過ぎました。私たちは岡少年の言葉に立ち止まって自らを省みることをしませんでした。私たち大人は子どもの訴えに耳傾けず、彼らから崇高なる「自分」を奪い続けました。

そこで子どもたち、少年たちは、次なる訴えを起こしました。

人の痛みのみが、ボクの痛みを和らげる事ができる……

（一九九七年神戸須磨事件の「犯行声明文」より）

彼らは人を傷つけ殺すことにより、「存在の苦痛」について理解しようとし始めたのです。失われた「自分」、奪われた「自分」を取り戻すために彼らは人の身体をこじ開け、そこに「自分」の存在があるかどうか確かめます。もちろんそんなことをして見つかるわけがありません。にもかかわらず、彼らは悲しい行為をし続けます。なぜなら、この行為が無意味であること、「自分」を捜すにはほかに幾らでも方法があることを誰も彼らに教えない、教えられないからです。

それどころか大人たちは、今や全国、いや全世界で起こっている若年層による殺傷事件を目のあたりにしても、それらを彼らのこころの叫びとして受け止めることなく、「全くひどい世の中になったものだ」と他人事のようにうそぶき、少年たちの罪は追求しても自分は何も変えようとせず、ただ自分にだけは迷惑がかかることのないようにと世を渡ってゆくのです。

私たちはいつまでそのような行く末恐ろしい環境のなかに、子どもたちを放っておくつもりなのでしょうか。

ねむいと思ったとき
ねむんないのも
ひとつのかんがえかも
しれないよ
ずうっと
ねむってないと
目がさえるもんさ

けむたいよ
いまのけむり

そのけむりを
手ではらいのけようと
するやつが多い
そのまま
目にしみていいから
手ではらいのけないやつが
いるか

（岡真史「ねむれない夜」『ぼくは12歳』ちくま文庫収載）

5 生活のリズム

子どものこころを落ち着かせ、かつ物事を根気よく最後までやり通す意志を育てるのが、変わらない生活のリズムです。

「生活のリズム」とは、毎朝決められた時間に目醒め、床を整え、家事を手伝い、朝食を摂る。夕食も毎日なるべく同じ時間にし、就寝前には母親がお話を聞かせる……、等々のことです。

むずかしいことではありません。誰にでもできることです。

朝起きてまず家族と交わす「おはようございます」のひとこと。そのひとことの積み重ねが、決められた「時」と「場」において何をすべきかという「礼儀」の根本となり、また、すべきことをする決断力と続けるべきことを続ける持続力をも養ってゆくのです。そして就寝前、母親によって語られるお話の世界に浸ることができれば、子どもは物事の締め括りの大切さを感じ、気持ちよく新しい課題に向かうことができるようになるのです。

このように、一日の始まりと終わりがしっかりと決められていると、子どもは生きていることそのものに安心し、家庭と親を信頼します。また、こうした日々の積み重ねは、驚くほどの意志の強さと実行力を子どものこころに培うのです。なぜなら、自分にとって一番身近な存在である母や家族を信頼することができれば、その後ろ立てによって外の世界へ飛び出してゆく勇気も励まされるからです。

私は大変早起きの子どもでしたが、祖母は必ずそれよりも早く起きていて、庭掃除をし、門の前の道を掃き清めていました。私はその姿を敬い、そして次の日もまた、早起きをして働く祖母の様子を見たいと思いました。

豊かに水を与えられた植物が、太陽に向かってすくすくと伸びてゆくように、安心して信頼できる環境のなかに育てられた子どもは、「真実」や「善」と呼ばれる精神的な太陽を目指して、力強く成長してゆくことができるのです。

ですから、母親を始めとする大人の役割というのは、あくまでも環境づくり、土壌づくりをすることで、太陽になることではありません。けれどもそのことをしっかりと理解できていないことがままあります。

自分が太陽になって子どもを引っぱりあげよう、自分の方に向かわせよう。あるいは自らを太陽にしないまでも、どこからか偽物の太陽を持ってきて偽物の光を見せ、そこへと向かわせようとする。受験、有名校、社会的地位、富と権力……みな子どものためを思っているようであって、却って偽物の太陽へ向かわせてしまうことになりかねません。

そしてこれは大変な誤りです。子どもを想う気持ちが子どもを裏切ることになってしまうのは、外の権威にばかり目を向けているからです。現代の母親たちは今すぐこの視点を換えて、子どもの内に、子どものこころに目を向けなければなりません。

なぜなら精神的な太陽、すなわち真実や善なるものは、子どもの内、人のこころの奥にこそ存在しているものだからです。

美しい自然や芸術、道端に咲く一輪の花、優れた一篇の詩に感動するとき、「真実」はその花その詩にあると同時に、こころの奥の「真実」がその美しさに呼び起こされるのです。人から手厚いこころくばりや親切を受けてその「善」に感謝するとき、こころのなかでも自らの内なる「善」が響くのです。美しいものを見れば美しい気持ちになり、優しいこころをかけられれば、優しいこころになる、ということです。

このような、外の真実と内の真実の響き合い、外なる善と内なる善の織り成しを、人は「愛」と呼ぶのです。

すなわち共に在ること、こころを寄せることが大切なのです。

ですから母親として最も大切なことも、子と共に在ること、子にこころを寄せることです。一方で受験へと駆り立てながら、その一方で忙しいから手が離せないからといって、子どものおもりをテレビやゲーム機器に任せてしまうことは、きわめて愛のない行為といえるでしょう。そのとき母は子と共になく、母のこころは子に寄せられていないからです。

家事を共にすること、食事の用意を共にし、掃除や片付けを共にすること、またお使いにゆかせること、そういう簡単で当たり前のことが、どれほど子どもの心身に働きかけ、母に対する信頼と尊敬を生み、根気や意志を強くするか、わからないのです。

私の生まれ育った家は大家族で、そのほかにも近所に住む親戚や友人たちが毎日出入りし、毎晩のように宴を張り、朝から晩まで賑やかな処でした。

祖母を筆頭に、母や伯（叔）母たちの家事は膨大な量で、食事の仕度だけでも大変な騒ぎでした。私も小さい頃から当然のように手伝いました。

春はたけのこの皮むき、ひげとり
夏はさやえんどうの筋とり
秋は栗の皮むき

冬は鏡餅のカビとり

私の仕事量は大人たちの半分にも満たなかったでしょうし、私が手伝ったからといって、作業がはかどったとも思われないのですが、祖母は厨房の総指揮者として、幼い私にも必ず何か役目を与えてくれました。私はもちろんそれが嬉しく、また得意でした。

それから母と共に行った夕食のための買い物の楽しかったこと、肉屋、魚屋、八百屋と巡りながら聞く、店の人と母との意気のよいやり取りは、半分以上意味がわからず、しかしなんとも不思議で面白いものでした。

牛《ぎゅう》と豚のアイビキ
シオジャケとアマジャケ
しゅんぎくヒトタバ、柿ヒトヤマ

などの、優れて踊る音の響きは、今でも生き生きとこころに残っています。

また、朝一番に豆腐屋へゆくのも、私の役目でした。朝靄《もや》のなかを小鍋抱えて走ってゆき、近所のお豆腐屋さんに飛び込んで、

「おはようございます。

　お豆腐一丁、揚げ（油揚げ）二枚ください！」

と声高らかに叫ぶのです。

冬の寒い明け方でも、店の奥には豆腐造りの湯気が温かく立ち込めていて、なんとも懐かしい香りがしています。すると真っ白く豊潤な霧の向こうから、豆腐屋のおかみさんの笑顔が現れ、大柄な身体がこちらへと近づいてきます。

「いつも朝早くえらいねえ……」

この誉め言葉が私にとって、その一日を元気良く過ごすどれほどの励みになったことでしょう。

もちろん現在は、街の様子も家族構成もすっかり変わってしまいました。しかしそれでも、できることはたくさんあると思います。

父母が子どもと共に過ごすこと、それはこころと愛情の問題ですから、時間や外的条件に束縛されるものではありません。どんなに忙しくとも、また日々の生活がどれほどエレクトロニクスとマス・メディアに影響されていようとも、できないはずがありません。いやそのような状況であるからこそ、親子のつながりと触れ合いが大切になるのです。

なかでも、就寝前の過ごし方は、章の冒頭にも少しく触れましたけれど、その日一日の締め括りとして、また翌日に向かう準備として、大変重要な役割を担っています。

子どもが床にはいる前、あるいははいってから、昔話を聞かせる。三、四歳ぐらいまでは、母親が自分なりに工夫した創作話を、四、五歳から七歳までは生まれた土地や、日本の昔話、そして小学校にはいり七歳になってからは世界の国々の童話もとり混ぜて聞かせるとよいでしょう。

このことによって、乳幼児に先ず母親への信頼が培われ、次に家族や地域社会への信頼が加わり、そして徐々に自らが人間として属する世界全体への信頼へと発展してゆくのです。

加えて眠る前に相応しい響きとリズムでお話を聞くことは、こころを大変落ち着かせるので、翌日を生き生きと生きるための糧を得る睡眠が大変充実したものになるのです。もし、昔話のあとさきに、簡単な祈りの言葉が可能なら、その子の夢と眠りはより健やかで豊かなものになるでしょう。

「祈り」の言葉は、特定の思想等にこだわる必要はありません。本当に簡単なもの、しかし母がその子のために選び、また考えたものがよいのです。

私はこれから
天のかあさまのところへゆきます

天のかあさまたちのところへゆきます
そこで私はかあさまを手伝い
また楽しく遊びます
そこで私は天の井戸から水を汲み
喉をうるおし
かあさまの育てた果物をつんで
おいしくいただきます
すると私の身体に
明日一日を生きる力がみなぎるでしょう

（川手 作）

誰しも多かれ少かれ、自分の本当の家族がどこか遠いところにいるのではないかと、思ったことがあるでしょう。それはけっして現実の母親や家族に対する不安や不満からくるのではありません。

それは人のこころ、人の魂というものが本来、大きな宇宙、広い天国に属していて、自分はかつてはそこにおり、そこからやってきたのだと思う、すべての人に普遍の、根源的な信仰心なのです。

そのようなこころがゆっくりと無理なく育まれるために作られたのが右の祈りの言葉です。

さて、以上述べてきたような母と子の関係、親子関係は、本来当たり前のことだったのですが、それが今では、なかなかできなくなってしまいました。核家族化はさらに進んで、その核家族内ですら、こころを寄せ合い語り合う関係がむずかしくなってしまったのです。

しかし、このような荒涼とした現代社会の家庭状況のなかにあっても、本来の家族の在り方を守っている人びとがいます。それが「こころの保護を求める子ども」（「障害児」という呼称は、子どもたちの状態の正確な描写ではないので、なるべく使用を控えたいと思います）のいる家庭です。私のところに通っている子どもたちのなかに、ゆずくんというダウン症の男の子がおります。お母さまの献身によって身もこころも着実に成長しています。そしてこのご家庭では、お父さまの努力も見逃せません。

「私はこの子のおかげで、体中の細胞全体が自然に子どものために動くようになりました。仕事でどんなに疲れていても、この子のためなら反射的に体が動きます。

また、テレビを見せないこと、食物に気をつけることなど、上の息子のときにはついつい甘やかしてしまったことでも、ゆずのためと思えば、妥協せずにけじめをつけさせることができるようになりました」

ゆずくんが「こころの保護」を真に求めているからこそ、お父さまは決断し行為することができました。しかしこのような態度は、本来すべての親たちに求められることではないでしょうか。

私は前章で、〈ポケモン〉を始めとするメディアの影響が、子どものこころに及ぼす危険性について指摘しました。けれどもよく考えれば、親が見せなければ済むことです。

原則的に「表現の自由」は尊重されるべきものですから、テレビ局がどのような番組を放映しようとも、それは自由なのです。

問題は、それらを子どもに与えることの危険性が各家庭でしっかりと認識され、その認識に基づいて生活が司《つかさど》られているか、ということでしょう。そしてそのことを実現しているのが、「こころの保護を求める子」を持つ多くの家庭なのです。

「こころの保護を求める子ども」に対する教育、治療教育は、ですからすべての子育ての鏡、社会生活の鏡になるのです。いや、ならなければいけません。生活にめりはりのあるリズムを持たせ、するべきこと、与えるべきでないものを、父母が確信すること。そしてその確信のもとに、こころを寄せて尊いときを共に形造ることが求められるのです。

6 大切な「遊び」の三要素

第4章では、子どもたちのファンタジーの危機について述べました。ここではそのファンタジーがどのようにして守られるのかを、「遊び」に照らし合わせて見てゆきたいと思います。

「遊び」は子どもの生活にとって最も重要な学習場面です。多くの外国語の該当単語が多義性を持っているように（英語のplay、ドイツ語のSpiel／spielen、インドネシア語のmein等々）、「遊び」は演劇・演奏・勝負・操作など、生活のあらゆる領域に関わってゆくからです。

そして子どもの「遊び」は、さらに次の三つの大きな分野／要素に分けることができます。

ごっこ遊び
わらべうた
昔話

ごっこ遊び――人を思いやるこころ

私は祖母の寝室が好きで、幼稚園や学校から帰ってくると、その部屋の畳の上に寝ころがって過ごしました。天井の板の木目や障子の格子を目で追いながら、人の顔や動物の姿を想い浮かべました。

床の間には大きな木の置物があり、平たい瓢簞《ひょうたん》のような亀のような形をしておりました。すると私はその亀にのり、世界を旅しているのでした。私は亀の背にのり、龍と虎に会いにゆきました。実は鴨居の上に、古い龍虎図が対になって飾ってあったのです。

金の龍神は、霧の中から恐ろしい形相をしてこちらを見ていました。一方、虎は竹林の中を徘徊しながら、時折天に向かって吠えました。龍の起こす嵐の音と虎の吠え声は混じり合い、美しくも恐ろしい響きとなって亀の背の私を震え上がらせました。にもかかわらず私は、龍のそばへ、虎のもとへと向かってゆくのでした。

子どもは想像力を働かせて、物体や事象を、別の何かに見立てることができます。天井や壁の木目、流れる白い雲の姿、流木や岩石の不思議な形、それらは生き物になり食べ物になり、幻想的な風景になって、子どものこころを誘《いざな》いまた楽しませます。

さらに彼らは、それらをただ見るだけでなく、造り変え工夫して、優れた演劇空間を創造します。

土の団子はみたらし団子
草の葉は野菜、小石はご飯
肩にかける布は王者のマント、天使の羽
手にした木片は黄金の剣、魔法の杖……

こうしてすべてを優れて尊いものに見立てて、また自らをあらゆる役柄や職になり変わらせるのです。

すると当然のように子どもたちは、自分以外のものの気持ちがわかるようになります。お母さんになる子はお母さんの気持ち、うさぎになる子はうさぎの気持ちがわかるようになるのです。

そしてこの気持ち、この共感が、後年人を思いやるこころへと発展してゆくのです。人の立場に立って感じ考えられる基盤となるのです。

大人が子どもにかけるこころや言葉も重要です。

子どもがおもちゃを投げたり、ものを投げ捨てているとします——そのとき、してしまったことに対してただ叱りつけ、またなじってみても、それは子どもの気持ちを逆撫ですることにしかなりません。というのも、子どもは投げ捨てる行為を悪いと思っているわけではないので、故ない罪に問われた不条理ばかりを感じ、こころにしこりを残しかねないのです。

大切なことは、まずそのような行為がそもそも起きないようにすること。子どもの遊びに立ち会えるときは、その子の様子をよく見ていて、こころが子どもと共にあること。それだけで乱暴な行為は確実に減ります。子どものこころは敏感で、共に居てくれる大人のこころ・母のこころをしっかりと感じ取ることができるからです。

万一、子どもがそのような行為をしそうになったら、「言葉」で止めるよう指示するのではなく、「身体」で留めてください。叩くのではありません。押し留めるのです。素速い動作が必要ですが、それもまた、子どもに気持ちが向かっていれば充分にできることです。

さて、それでもなお間に合わずに、子どもがおもちゃを投げ捨ててしまったとき。ここに到っても、叱ること・なじることは禁物です。そうではなく、

「あら可哀いそうに、積木さん痛い痛い、お茶碗痛い痛い、お人形さん痛い痛い」と、投げられたものへの共感を呼び起こし、痛みが共有できるように導くのです。すると、それまできかん気で、叱っても叱っても言うことを聞かず、親の手をもてあますほどだったいたずら小僧までが、見違えるくらい優しい子になります。なぜなら、そのとき子どもの内には、すべての存在に向けての憐れみの気持ちが芽生えるからです。すなわち、

「生き物にはみなこころがあり、そして生命のないものにもまたこころがあり、痛みを感じているのだ。自分はその痛みに問いかけよう。その痛みをわかろう。その痛みをやわらげよう」

という気持ちです。

おもちゃ

子どもたちの想像力をより豊かに働かせるために、できれば既成の玩具ではなく、手づくりのもの、自然のなかから集めてきたものを与えてあげてください。

昔の子どもは自分たちで、家の周りにあるガラクタや棒きれ、木の実や枝を工夫して、遊び道具に仕立てていたものでした。昨今の都市生活ではそのようなこともむずかしくなってきました――ここはひとつ私たち大人の側による環境づくりが必要です。

「まるめろの木」で子どもたちのために用意しているものを挙げてみましょう。

・布　私が東南アジアを旅する折に見つけた草木染。

・ひも　古くなった腰ひもは手触りよく、使い勝手が大変よくて、子どもたちに好まれます。

・箱　揃い茶碗がはいっていた木の箱をたてて棚にしたり、小さな箱を机や寝床に見立てたり…。

・木の実　胡桃《くるみ》の殻にどんぐりの実を入れて遊ぶ。

・流木　海の力、波の力によって削られ磨かれた流木は、まことに不思議な形で想像力をかき立てます。

・お手玉　ご父母やヴォランティアのみなさんにつくって頂きます。

・積木　これは既成のものも使っていますが、生木のままの色や形が生かされていて、なるべく素朴なものがよいのです。

これらの素材を子どもたちは、私たちが予想だにしなかった方法で使い遊びます。彼らのこころが柔軟で大きな可能性を有していることがわかります。

それから私たちは、おもちゃの数をあまり多くし過ぎないようにも注意しています。限られたもののなかで工夫すること、そしてひとつのものを仲良く使うことを子どもたちは学びます。そしておもちゃがなくとも遊べます。隠し鬼（下駄隠し）、だるまさんがころんだ、跳び馬、押しくらまんじゅう、等々……。

わらべうた――大自然への愛

いちじく　にんじん　さんしょにしいたけ　ごぼうでほい
いちじく　にんじん　さんしょにしいたけ　ごぼうにむくろじ（ゅ）　ななくさ
はじかみ　きゅうりにとうがん　とうがらし
チュウチュウガリガリ　チュウチュウガリガリ　チュウチュウガリガリ

昨日までにんじんの嫌いだった子が、楽しいわらべうたひとつで、にんじん好きになってしまうことがあります。それどころか右のうたは、大自然の豊かさ「五穀豊穣」への敬いと愛を捧げているのです。

そもそも「うた」というものは、それが抒情詩であれ和歌であれ讃美歌であれ、うたっている対象へ向けての愛を表現するものです。ただその対象が、あるいは恋人あるいは風物あるいは神、と違うだけです。

「からすの勘三郎」というわらべうたが、全国各地に残っています。それらを聞いてみても、わが父祖たちが「からす」という存在に対して抱いていた親しみや愛情というものを窺《うかが》い知ることができます。

それが昨今はどうでしょう。

烏《からす》は不吉
烏は獰猛
烏はゴミをつついて散らかすやっかいもの

ということになってしまいました。

これは大変残念なことです。

私たちは、自分たちの食べ残しを外に放っておくくせに、その生ゴミをごちそうと喜んで食べてくれるからすを悪者扱いするのです。それどころか私たちの方こそ、からすの棲家である森や山を切り崩して侵略しているではありませんか。

そうして大人がそのようにからすを扱っていれば、子どももまたからすを悪く思います。そこで私は、からすに偏見を持ってしまった子どもたちに、件《くだん》のわらべうたを教えました。

からす　からす　かんざぶろう
おまえのいえが　やけるから
はやくいって　みずかけろ
からす　からす　かんざぶろう

または

からす　からす　かんざぶろう
うぬがいえっこ　どこだな
うぬにえさぁ　くれよか
あずきまんま　さんべぇ
しろいまんま　さんべぇ
からす　からす　かんざぶろう

すると翌週、ある子がこう言いました。

「先生、ぼくのうちに昨日、からすの勘三郎が遊びに来たよ！」

わらべうたはこのように、どんな道徳教育にも、どんな人道教育にも勝る力で、子どものこころを強くし、愛を育て、他者と助け合い共に生きることの歓びを教えることができるのです。

昔話――宇宙と人間の真実

「むかしむかしあるところに……」で始まる昔話の数々、「むかしむかし」というくらいですから、「むかし」起こったことなのです。

むかしむかしあるところに、おじいさんとおばあさんがおりました。

ですから、「おじいさん」と「おばあさん」は架空の存在ではありません。本当に居たのです。

そして「桃太郎」や「かぐや姫」も居たのです。

ただし「居た」とはいっても、その存在の仕方は、私たち大人が短絡的に理解するような、即物的な存在の仕方ではありません。

「おじいさん」という言葉を聞くとき、子どものこころには、老いた男の姿が浮かび上がると同時に「知恵深さ」や「尊厳」の気分が湧き起こります。あるいは「おばあさん」という言葉からは「優しさ」や「暖かさ」の気分が生み出されます。昔話の登場人物や風物はですから、「知恵深さ」や「優しさ」など根源的な感情や思考の疑人化／暗喩（メタファー）ともいえるのです——それらの感情や思考は、太古の昔から存在していました。それらを人びとは、神話の神々の姿として、また昔話の人物やけものたちとして表現したのです。

この「真実」「宇宙（大自然）と人間の真実」こそ、子どもたちが昔話を通して学ぶものです。

ですから「おじいさん」と「おばあさん」は仮想ではありません。「真実」です。桃太郎も「真実」ですし、「かぐや姫」も「真実」です。

桃太郎は大きな桃から生まれます。「桃」という果物は、瑞々しい生命《せいめい》の源です。そのような大自然の生き生きとした生命《いのち》の力から、人の生命・人の魂もまた生み出されたのです。

そして「かぐや姫」の物語は、前章の「祈り」の件《くだ》りでお話したように、私たちの存在が遠い天のかなたからやってきたのであり、私たちがいつかはまたそこへ帰ってゆくことを、こよなく優美で幻想的な映像と語り口で伝えてくれます。

このようにして子どもたちは、「昔話」そして「わらべうた」や「ごっこ遊び」を通して、宇宙の真実を学び、大自然への愛を育み、そしてすべての存在に対する畏れと敬いのこころを形成してゆくのです。

絵本について

世界の素晴しい名作・童話が、グロテスクな絵に描かれていると、私はこころが痛くなります。それらは物語を助けるどころか、子どもたちの想像力をひとつところに押しこめ、身動きできなくさせてしまうからです。

「ピーター・パン」と聞けば緑の衣に登山帽、「森の小人」といえば大きな頭に頭巾を被った髭の老人たちを反射的に思い浮かべてしまう日本やアメリカの子どもたち。ひとつの言葉が何百万・何千万の心に同じ形を刻んでしまう、これは大変に恐ろしいことです。

ですから昔話や童話は、まず素語りで表現されることが望ましいのです。心地よいリズムや美しい言葉の響きが子どもたちの身体に直《じか》に働きかけ、生き生きとさせ、それに応えるように、子どものこころは自在に想像力を働かせて豊かな情景を自らの裡《うち》に生み出すでしょう。

そしてそのような自己創造の体験を充分に持った子どもが、ある年齢になってから芸術性高い装画、また美しい絵に添えられた詩文や物語に触れることは、揺るぎない想像力・創造性を備えた魂の翼を、さらなる飛躍へと誘《いざな》うことになるのです。

本書の表紙に飾られたハンス・イェニーの『月に象』（あとがき参照）は、「象」や「月」のイメージをせばめるどころか、それらの像の背後に拡がる深い精神性、限りなく大きな自然の愛と憐れみを子どもたちのこころに注ぎ込んでくれるでしょう。この絵からは、詩が紡ぎ出されます。音楽が聞こえてきます。このような優れた作品が、日本の子どもたちの目に触れ、こころに響くことを願うばかりです。

7 童話や昔話の意義
――さらなる考察「物語に耳傾けるとは……」

もろこしパン

狐は一声コーンと叫ぶや飛びかかって牙をむき、またたく間もなくもろこしパンをひとのみにしてしまいました。

（ジェイコブスの採取再話した童話『もろこしパン』より、川手訳）

昔話を聞いた後の子どもたちの感想のなかに、

「こわかったけどおもしろかった」

という表現がしばしば登場します。ではそのような重層的な言語表現の内側で子どもたちは一体どのような体験をしているのでしょうか。

昔話を聞きながら、子どもたちはこころにたくさんの像を生み出しています。

そこには、物語に登場する人やけものの像から始まって、物語全体からかもし出されるさまざまな感情や想いが、あるいは織り成し合い、融合し、あるいはいくつもの部分に分かれながら、繊細幽玄なる情景を繰り広げているのです。それらの像は夢のようでもあり、また幽霊のようでもあります。そして夢がときに恐ろしく、幽霊が恐ろしく感ぜられるものであるように、昔話の像も恐ろしく怖いものであるのです。

しかしそれと同時にそれらの像、それらの幻の為《な》せる技《わざ》と遊戯、くっつき、まとまり、離れ、とてつもなく大きくなり、巧みに小さくなる有様は、比べようもなく珍しく面白く、子どものこころをかき立てるのです。

「こわかったけどおもしろかった」というのは、まさにこのようなこころの状態を言い表わしたものなのです。

振り返るに、これらの不思議な夢の像や幻は、子どもたちが「聞く」という行為を通して生み出したものでした。すなわち「聞く」という行為は、通常受動的なものであると思われがちですが、実はこのように大変能動的・積極的で、創造的な行為にもなり得るのです。ところで私は、狐がもろこしパンを食べてしまうような残酷な場面を、小さい子に聞かせても大丈夫か、という質問を受けることがあります。

そのときも私は、子どもたちの「聞き方」が、単なる受動的・表面的な「聞き方」ではないことをお話しします。

狐がもろこしパンをひとのみにしてしまうとき、また『鮫《さめ》にのまれる』という日本の昔話で医者のゲンナさんがワニザメにのまれてしまうとき、そして『狼と七匹の子山羊』で山羊たちが狼に食われてしまうときも、子どもたちは、弱肉強食の論理を学んでいるわけではありません。子どもたちがそのとき体験するのは、母胎への回帰、さらには大自然の懐《ふところ》への回帰なのです。彼らはそのとき、母の許《もと》に帰り、また天の母の処へ帰るのです。

物語の世界のなかで「もろこしパン」になった子どもたちが「狐」にのまれる際に感ずるのは、ですから恐怖心ではなく、安心感です。つまり、

子どものこころは物語を、物質的に「聞く」のではなく、精神的に「聞く」のです。

にんじん、ごぼう、だいこん

昔々ある冬のさ中に、羽毛のような雪がチラチラと天から舞い降りているときのことでした。お后《きさき》は黒檀《こくたん》の枠のついた窓の側《かたわら》に坐り、繕《つくろ》い物をしていました。縫いつつ雪に見とれた拍子に、お后は針で指を刺してしまい、雪の上に血の滴が三つ落ちました。そして、白雪の中の赤い色がなんとも美しく見えましたので、お后はこう思いました。

「雪のように白く、血のように赤く、窓枠の木のように黒い子どもが欲しい」

すると間もなくお后は、ひとりの娘を授かりました。娘は雪のように白く、血のように赤く、そして黒檀のような黒髪でしたので、白雪姫と名づけられました。そしてその子が生まれると、お后はなくなりました。

（川手訳）

あまりにも有名なグリム童話の冒頭です。この部分について、大人は次のような疑問を持ちます。

部屋の中で繕い物をしているはずのお后の血が、外の雪の上に落ちるはずはない。また、子どもを望んだ直後にその子が生まれてしまうのも理解できない、と。――けれどもこのお話に引き込まれ没頭している子どもたちはそんなことを少しも心配しませんし、訝《いぶか》しく思わないのです。なぜなら、今一度繰り返しますが、

子どものこころはお話を
物質的に聞くのではなく精神的に聞く

からです。すなわち、彼らのこころに響くのは、いつ、どこで、誰がどういう段取りで、何をしていたか、ということではなく、さまざまな言葉の紡ぎ出すメタファー（暗喩）が絡み合い働き合いながら、朧に浮き上がってくる宇宙の摂理、大自然の真実なのです。

ここでは「雪の白」と「血の赤」と「黒檀の黒」が、彼らのこころに宇宙の生成や人の魂の謎を密《ひそ》やかに語るのです。赤と黒と白の三色はこの世のすべて、また人のこころのすべてを表わします。

赤――行為への燃える意志
黒――限りなく豊かな感情

白――美しく結晶・昇華した叡知

もちろん子どもたちは、この三色を聞いて右記のような内容を知的に考えたり学んだりするわけではありません。これは理屈ではなく、実体験なのです。

赤と黒と白の三色は、ほかにもさまざまな民族に古くから伝わる神話や伝説、童話や昔話のそここここに登場します。たとえばゼウスの乗る牛も、またヒンドゥの三神ブラフマ・ヴィシュヌ・シヴァもこの三色で表現されます。

そして、日本に伝わる昔話にも、これら三色をとても楽しく素朴に語ってくれるものがありました。

にんじん　ごぼう　だいこん

むかしむかしあるところに、おばあさんがひとりで暮らしておりました。ある晩のこと、おばあさんはひさしぶりにお風呂をわかしました。

すると、にんじん、ごぼう、だいこんが、おそろいでやってきました。

「ばあさん、ばあさん、今夜は風呂をたいたようだが、わしらにもはいらせてくれ」
（巻末「補遺」に全文掲載）

表題を言っただけで、子どもたちのこころはぐっと引きつけられます。にんじんがまず始めにお風呂にはいり、熱くて熱くて体中がまっかっかになってしまいます。次にごぼうがはいりますが、まだ熱すぎて泥だらけのまますぐ飛び出してしまいます。けれどもだいこんがはいる頃には湯加減がちょうどよくなっていたので、ゆっくりとつかって体も丁寧に洗い美しい肌になるのです。

ここでも、「だから、お風呂にはゆっくりはいってよく洗いましょう」などと教訓めいた知的なことを言ってはいけません。だいこんが善で、ごぼうとにんじんは悪なのでしょうか。そんなに単純でつまらないものではないのです。

では、子どもたちがいかに生き生きとお話を体験するか、実際に聞いてみましょう。

昨日図書館ににんじんさんとごぼうさんとだいこんさんが遊びに来て、みんなでお風呂にはいりました。とてもおもしろかったです。

私の講座を受講された方が、早速子どもたちにこのお話をしてみたら、こんな素敵な感想文が送られてきたそうです。大人には思いもよらないかもしれませんが、子どもたちは実に楽しく生き生きとお話を体験できるのです。

昔話を聞くことを通して、子どもは美と真実をしっかりとこころに受け止めます。ですから優れた童話や昔話を子どもたちに語って聞かせることは私たちの大切な役割、大切な使命です。それは七面倒な勉強を押しつけるよりよほど自然で、あたりまえで、かつ本当の意味で「教育的」なのです。豊かな物語の世界でこそ、魂は健やかに育つのです。

8　宗教心を養う

信仰と真実

祖母は毎日欠かさず、朝と夕の食事の前に仏壇に向かい、

「たかひこ、たかひこ」

と私を呼んでは、横に座らせました。

そうして、私たち二人は死んだ祖父に対して、朝は「その日しようと思っていること」を、晩には「実際その日にしたこと」を、報告するのでした。

夕べの祈りは私にとって特に大事で、私は子どもごころに人には言えない恥ずかしいことを祖父に話すのでした。

「おじいちゃん、今日僕は友だちのことをうらやましく思ってしまったよ」

「朝おじいちゃんと約束したことが果たせなかったよ」

というような内容です。

すると私の耳には、たしかに祖父からの声が聞こえてきて、彼は私をなじるでも叱るでもなく、

「では明日はどうするつもりか」

と尋ねて、私が自分で再度目標を定めるように仕向けるのでした。

一日二度、仏壇の前に座る体験は、私にとってとても大切なものでした。そのことを通じて私は、実際の社会生活で必要なことを認識し、またうまくゆかないことに対する内的な均衡をとることができるのでした。「祈り」は善に向けての衝動、良心、あるいは克己心《こっきしん》や向上心とも呼べるものを、私の内に培ってくれたのです。

祖母はまた、折にふれて珍しい話を聞かせてくれました。

大震災のときに、上野の山の避難所で、みなにおにぎりを配ったこと。

厳寒の北海道で暮らしたとき、村の人がくれたあつあつのお芋から湯気が立ち昇っていたこと。

実家の漬物屋で、巨大な樽に、ふんどし一丁の職人たちが、重い漬物石の上に立っている様子。

それらの話を私は、いく度もいく度も聞きました。聞くたびにこころは躍りました。

しかし、次の二つの話ほど、私がたびたび祖母に聞かせてくれるようにせがみ、そして幼い私の魂の成長に強く働きかけたものはないでしょう。

それらはいずれもきわめて短いものです。にもかかわらず、この二つの話を祖母がいく度もしてくれたことを、今私はどれだけ感謝しているかわかりません。


「鷹彦、人間はね、死ぬとね、極楽か地獄にゆくんだよ。極楽っていうのはね、とても楽しいところだよ。地獄というのはね、それはそれはとてもおそろしいところなんだよ。おしまい」


これだけのことを時折話してくれるのです。

しばらくすると、また聞きたくなって、

「おばあちゃん、ぼくは死んだらどうなるの」

すると祖母が、

「鷹彦、人間はね、死ぬとね、極楽か地獄にゆくんだよ」

私が、

「極楽ってどんなところ」

と聞くと、

「とても楽しいところだよ」

「地獄は」

「それはそれはとてもおそろしいところなんだよ」

というのです。

でもまた聞きたくなるのです。確かめたいのです。子どもの私には、人が死んだらどうなるか、絶えず疑問が湧くのです。そして聞くのですが、答えはいつも同じです。それで安心するのです。

もうひとつは、祖母がしばらく北海道に暮らしたときの話です。


「ある晩家に帰ろうとすると、どうしても道がわからない。この道を帰れば家に着くかなあと思うと、元の道に戻ってしまう。そこでまた、この道を行けばいいのだと思ってしばらく行くと、やはり元の道に来てしまう。ぐるぐるぐるぐる同じ道を歩いて、気がついたら夜が明けていた。そこで翌日、村の人にきいてみると『そりゃあんた、狐に化かされたんだ』と言われたんだよ。おしまい」

ひとつめの話から私は、死後の世界が厳然と存在するということ、そしてそれは人が地上で行なったことの結果であることを教えられました。

そして二つめの話から、人間には理解できないことがあって、そこに超自然的な力が働いている……。狐と言っているけれど、それは神なのかも、妖精なのかもしれないけれど、そういう目にみえないものが世の中にあって、それは私たちを助け、しかし場合によってはその力によって、私たちは翻弄されることもある、ということを学んだのです。

芝居をし、教育にかかわり、こころに傷を持つ子どもたちの世話をすることのなかで、根幹になっている考え、それは何処から来たのかというと、祖母の二つの話からきた、というほか考えられません。

幼い魂に宗教心を育んでゆくために、説教ではなく、お話という形をとって真実を伝えるというのが、昔の人たちの智恵でした。私も、祖母の二つの話によって、目に見えないものに対する畏れと敬いの気持ちを育まれ、それが現在の私の仕事、治療教育や舞台芸術を行なう上での確信になっているのです。

そういう日常的な宗教教育、そして芸術教育としてのわらべうたや昔話は、子どものこころの成長にとって何にもかえがたいものです。短い時間、短いお話で充分です。その積み重ねが大事なのです。一番身近にいる大人（父母や祖父母）から、子どもはまず、ぬくもりのある祈りやお話に触れ、真実や美しさというものをこころに育んでゆくのです。

宗教と畏敬の念

現代の日本においては、「宗教」という言葉に、さまざまな偏見や歪んだ印象がまつわりついています。なぜならそこに現実からの逃避や、現実を一切否定して幻想だけを追い求める風潮があるからです。そしてもしも「宗教」なるものが果たして、現実逃避や現実拒否を意味するものであるならば、偏見や悪印象を持たれるのも仕方ないことでしょう。

けれども本来宗教とは、現実から逃げだすどころか、その現実を豊かに生き生きとさせるものです。目に見えないものを尊ぶことは、決して目に見えるものをないがしろにすることにならず、却って目に見える現実生活を歩んでゆくことに確信を与え、力を与えることができるのです。

たとえば祖先の霊を敬うことは、日常生活にめりはりを与え、リズムを与えます。日々の祈りにしても、季節ごとの墓参りにしても、祖霊を敬う祭りにしても、そのような節々・区切りを持つことにより、人は物事を締め括ってまた新たに始める目安をつけることができるでしょう。

一週間が七日で区切られておらず、ひと月が三十日で終わらず、一年が十二カ月で締め括られずに、ただのんべんだらりと流れているのだとしたら、生活に励みを持つことなどできなくなってしまうかもしれません。そしてこの区切り、この節付けを、私たちは「暦」と呼びます。「暦」とは、ですから太陽や月の動きを、祖霊や収穫の神々に頼んで、季節の巡りや大地の豊饒に関連づけたものなのです。そのときどき、その折々に私たちは、過去の穢《けが》れを祓い清めて精算をし、未来を創り生きてゆく、有形無形の糧を得るのです。

ところで以上のような「宗教と畏敬の念」について、ドイツの偉大な詩人ゲーテが注目すべきことを述べています。

ヨハン・ヴォルフガング・フォン・ゲーテは、後世の芸術家や教育者に多大な影響を与えた名著『教育州』のなかで、「宗教」なるものが三つの「畏敬の念」から成っていることを説いています。

1　自分より大きなものに対する畏敬：原始宗教
2　自分と等しいものに対する畏敬：哲学
3　自分より小さなものに対する畏敬：キリスト的な宗教

1は大自然とその背後に存在する大いなる力への畏怖、2は学問や芸術あるいは他者への理解と共感、3は弱者への愛と憐れみの心です。

ゲーテは以上の三段階を西欧の歴史観のなかで述べましたが、実はこの三段階はそのまま私たちの文化圏においても、

1　アニミズム的な神道
2　儒教・道教的な倫理観・人間観
3　大乗的な仏教理念

として受け止めることができそうです。

すべての存在に対する畏敬の念。このことこそが教育や育児の根本理念として息づいていなければならないと思います。古《いにし》への人びと、わが父祖たちの持っていたこころに学び、立ち帰り、それを新しい時代の新しい家庭生活そして社会生活に生かしてゆきたいものです。

9　衣と化粧と色――東南アジアの旅からの便り

アジアの布、紡ぎ染め織ること

私は今、東南アジアを旅しています。目的のひとつは美しい草木染の織物です。インドのグジャラート地方にその起源を持つと言われ、インドシナ半島からインドネシア諸島に拡がる紡織・染織の文化は、今でも充分かつての煌《きら》めき、香る百花繚乱の名残りを楽しむことができます。

そのなかにはインドネシアでイカット、タイではマットミーと呼ばれる絣《かすり》（糸を先に染め分けてから織る）やバティックと呼ばれる蠟纈《ろうけつ》染め（ジャワ更紗、蠟を塗って染色した後、蠟を落とすと模様ができる）があり、シンやチョック（タイ・ラオス）あるいはソンケット（インドネシア）と呼ばれる浮き織り・錦織りがあります。

私はそれらの素晴しい模様や綾織りを見る度に、大変不思議な気持ちになります。いったいいつの時代にどのような叡知が、比類なく巧みな伎芸《ぎげい》を人びとに伝えたのか。綿花栽培や養蚕から始まって、糸を紡ぎ、樹皮や木の実や花の汁で色に染め、複雑かつ美麗な文様に機を織る。生活の基盤である「衣食住」の「衣」を考えるとき、これらの技と巧みが今日なおそこに生かされているならば、私たちの毎日はどれほど彩り豊かなものになるでしょう。

補遺に付した昔話「麦子と米子」を見てください。麦子が与えられた三つの課題の最後が「糸を紡ぐこと」でした。麦子はその「運命の糸」を血で染めて、井戸に飛び込み彼岸へと向かいます。そして麦子が再び地上に戻ってきたときに、天の母さまをよく手伝ったご褒美として頂いた玉手箱から、まず出したものが、綾なる錦の着物でした。

すなわち、「麦子＝苦難を乗り越える人の魂」は、自らの運命（糸）をしっかりと認識し（紡ぐ行為）、それをたゆまぬ努力と自由な意志（染め）によって、錦の織物（人生の成就）に創造したのです。

東南アジアの布、それも古布には、そのような「紡ぎ・染め・織る」ことの重みがひしと感じられるのです。

バリ島のカランガセム旧王国にあるテンガナン村では、グジャラート地方以外ではたぶん世界で唯一と思われる最高度の染織技術「グリング・シング」（通称ダブル・イカット、両糸絣）が伝わっていますが、その村の長として人望厚いグル・ワヤン・ゲルゲル（ゲルゲル師）は、次のように語ります。

グリング・シング織りは瞑想のよう
うまくゆくときもあり、うまくゆかぬときもあり……

縦と緯《よこ》の両糸をすでに染め置いて、それを複雑至極の文様に織り上げてゆくグリング・シング織り＝ダブル・イカットは、ときにはその全工程に数年の歳月を要し、にもかかわらず結果的に作品として、あるいは儀礼に使用する衣として、使用に値しないものになることがあるのです。それは技術の優劣に関わるものではありません。

ゲルゲル師は「瞑想のよう」と比喩されました。すなわち、毎日同じ時刻に、同じ場所で、同じマントラを心に唱える行為（バリ島では「瞑想」を日々の営みにしている人がよほど多くいますので、それほど特別なことではありません）が、その日の心身の状態に影響されて、雑念が入ってしまうときと、大変集中して行なえるときがあるように、「グリング・シング織り」においても、全く同じ材料を同じ日数と方法で染めたにもかかわらず、二枚の布地の「赤」が目を射るほどに鮮やかになるものと、どす黒く沈んだり白ちゃけたりしてしまうものとに分かれてしまうのです。その様子をゲルゲル師は、

「赤」の色は、糸に染まってゆくことを、そう簡単には望まない

とおっしゃいます。

しかし、それだけではありません。よく染められた「赤」は年数を経るに従ってその鮮やかさを増し、染めの弱い赤は徐々に鈍くなってゆくのです。

「赤」は現在では樹皮や木の根で染められていますが、かつては死した英雄や首長の血を使うと言われていました。それが事実であったかどうかは別としても、今でもテンガナン村では、この布に病いを癒やす力があるとされ、切り取って聖水に漬け、それを飲むのです。そもそも「グリング・シング」とはバリ語で「グリング＝病い」・「シング＝無」という意味なのです。

ところで「ダブル・イカット」もそうなのですが、東南アジア各地の伝統的染織技術は、第二次大戦以降、西洋技術文明の流入等によって、著しく衰退しました。

加えて、カンボジアやラオスでは大戦後も内戦が続き、多くの人の命とともに、染織を含

め、優れた民族芸能も、次々失われていったのです。

それが最近、アンコール・ワットなど遺跡の修復に呼応するように、内外の人びとの努力と苦心によって、各地の伝統工芸が徐々に復活し始めています。

このような動きを私は大変に大切だと思います。そしてそれらの多くが、国家間の政治的協力としてだけでなく、個々の善意と熱意によって実現していることに大きな意義があると思います。

なぜなら最終的にはやはり、個の力のみが、社会の荒廃にめげず、貴重な文化を守ることができるからです。私たちは個人として国や世界の政治・経済の影響を大きく受けています。しかし政治や経済を変革してゆくのも、個の力以外にはありません。

もうひとつ、伝統的染織が復興することの意義があります。それは、農村から都市への人口の流出を防ぐことです。

東南アジアの農村地帯からは、過剰になった女性人口が都市部に流れ込み、売春やＨＩＶ感染の温床になっています。しかし養蚕や紡織は女性に向いており、また収入源になり得るので、彼女たちが村に留まるひとつの動機になるのです。

さらに染織という美の創造作業は、子どもたちの教育環境として大変に重要です。

私どもの「まるめろの木」でも、東南アジアの布や日本の染織家の方に創っていただいた布を子どもたちが使います。子どもたちはそれらの布を身にまとって役柄をつくり、また床に拡げて川や道にしています。このような布に幼い日から触れることのできる子どもは幸せです。それは、彼らが優れた音楽や絵画や詩歌に触れることと、同じ意義を持つのです。優れた伎芸と貴い時間を費されて染め織られた布は、彼らのこころにかけがえのない滋養となるのです。

そして将来、もし治療教育の分野に、「紡ぎ染め織ること」が日々の営みとしてしっかりと組み込まれるなら、それは「こころに傷を持つ子どもたち」「こころの保護を求める子どもたち」にとっての生きる歓びとなるでしょう。

そして実は、そもそも日常私たちが着ているもの、子どもたちに着せているものについて、根本的な問い直しが必要であることを、アジアの美しい布たちは、教えてくれているのです。

化粧と面

「衣」すなわち「着ること」が私たちの日常生活の営みにとって大変重要であり、しかしその背後に儀礼や民族芸能の豊かな伝統が存在していることを述べました。ところで通常、女性のために限定され、彼女たちの身だしなみや自己表現の手段として考えられている

「化粧」も、実はその根底に、伝統芸能や宗教儀礼としての貴重な意味合いを持っているのです。

私は前節で、アジアの布の美しい色と文様を見る度に不思議な気持ちがすると申しました。それはなぜなら、その色は人のこころの色合いであり、その文様は人のこころが織り成すアラベスクであるからです。

一方、私は、東南アジアの人びとが伝統芸能や儀礼の際に施す化粧、さらには掛ける面《おもて》を見るときに、そこに彼らの深い潜在意識や過去の記憶の顕われを感じるのです。

そこには個々の記憶だけでなく、民族や人類の記憶が眠っています。たくさんの神々と亡霊たちが生きています。そしてそれらが今や、化粧や面によって百年の眠りから醒めるのです。

それ故彼らは、舞い手や演者が化粧を施し面《おもて》を掛けたそのときに、ほかの人格あるいは神格が降りてくると言うのです。

私はバリで、バリ・ヒンドゥ儀礼舞踊の中核のひとつである「魔女ランダの舞い」を舞うようになりました。そのとき私は頭からすっぽりとランダの面をかぶります。そのとき私は大いなる力にくるまれるのを感じます。私は半分気を失います。そして別の存在として目醒め、月に向かって吠え、神々に日々の穢《けが》れの清めを求めるのです。

子どものこころにとっての色彩や秩序

すでに述べてきましたように、身にまとうものの形と色は、人のこころに大きな影響を及ぼします。子どものこころにとってはなおさらです。

ですから、子どもに着せるものの素材や色合いや模様について、お母さまがたにはぜひとも慮《おもんぱか》っていただきたいのです。

とはいえ、複雑な文様と色彩を、子どもの成長や性格に応じて選べというのではありません。第一そのようなことは、現実的に考えて、ほとんど実現不可能でしょう。

必要なことはちょうどその逆のことなのです。

小さな子どもたちが身にまとうに相応しいものは、できる限り自然な素材と淡い色合です。暖かい時期は木綿、寒い時期は毛織物の素材が基になっていて、色は強すぎない単色がよいと思います。すなわち敏感で瑞々しい子どものこころが、着ているものからあまり強い影響を受けないようにする、ということです。

加えて、子どもたちを被うものには着るもの、すなわち「衣」だけでなく、「住」のさまざまな要素があります。ですから壁、床、天井の色、家具、調度の諸々は、ごてごてせずに落ち着いたものが望ましいのです。

その意味で、日本の伝統的家屋は理想的です。障子・襖・畳・板張りの廊下や縁側・木製の家具・石のたたき・屋根瓦・等々……、みな子どものこころを安心させ、その健やかな成長を助けるものばかりです。

もちろん現代日本の都市生活では、そのような家屋に住むことはほとんど不可能ですから、できる範囲での素材・色彩的考慮が望まれるところです。

そして「住」と「衣」の両者に関わることを、いまひとつ申し添えたいと思います。それは箪笥《たんす》のなかへの衣類のしまい方です。

まず箪笥がぎゅうぎゅう詰めになっていないこと、二年以上袖を通していないものは、人にあげるなどして処分するべきです。こころに余裕がありません。箪笥がぎゅうぎゅう詰めだと、こころもぎゅうぎゅう詰めです。こころに余裕がありません。実は私も、人に物申す立ち場になどないのです。いつもあわただしく余裕がありません。ですから、せめて洋服ぐらいは人にどんどんあげてしまいます。するとこころが幾分楽になります。

私はバリの友人たちにどんどん洋服をもらって頂きます。彼らの家の棚はすっからかんで、きれいなものです。暖かいので、そもそもそんなにたくさん着る物などいらないのです。そしてみなどんどん結婚して、どんどん子どもを生みますので、服のもらい手に困ることはありません。私はこころのぎゅうぎゅう詰めを、バリの友人たちの寛容さに救ってもらっているのです。

さて箪笥の中が楽になったら（つまりこころが楽になったら）、少し秩序を整えましょう。それはとても簡単なことです。シャツやセーターなど、身体の上部に着けるものは箪笥でも上部に、下着や靴下など下部につけるものは箪笥の下部に仕舞うのです。すると不思議なことに、こころまで秩序立てられてゆくのです。

そしてこれは箪笥の中だけではありません。冷蔵庫の中や食卓や仕事（勉強）机の上、そして部屋全体が片付いていないとこころもすっきりしないでしょう。

子どもの頃に秩序立った生活、質素で清潔な住居に育った人は幸せです。彼らは物事のめりはりを知り、勘所を知り、こころに落ち着きと余裕があって、物を大切にし、こころを大切にします。

10 バリの母子生活

伝統と儀礼に息づく芸術・言語教育

美しい自然と優れた芸能でよく知られるバリ島ですが、まだあまり一般的には知られていないことで、しかし大変に興味深く重要なことがあります――それはこの島の家庭教育の在り方、母子関係の素晴らしさです。

実は一九三〇-四〇年代にかけて、すでにグレゴリー・ベイトソンとマーガレット・ミードが、バリ社会の特殊性について調査・研究しており、彼らは母子関係についても言及しています。ベイトソンの研究の方は、ほかの論文・報告とともに『精神の生態学』(佐藤良明訳、新思索社)という邦訳書で読むことができます。

そして今日でも、バリの母親の多くが、絶妙の距離感と間合いで子どもに対しています。

それらは、外来の育児書で学んだようなものではなく、長い伝統から生まれ出て確立したものなので、大変自然でバリの風土やバリ人の気質にあっているのです。私も十年前初めて島を訪ねて以来、教育に携わる者として大変参考になる例をいくつも見てきました。

バリのお母さんたちは、わが子をからかう、ということをよくするのです。後ろから突ついて知らぬ顔したりとか、抱擁を求めてきても敢えて取り合わなかったり、というようなことです。――もちろんこのようなことは、度を過ぎれば子どものこころに母に対する不信感を生み出すのでしょうが、その辺りの見極めがバリの母たちは大変うまく、深い愛情をかけながらも適度の緊張感を常に創り出して、家庭教育の理想的な基盤をつくっているのです。

加えて、このような母子関係を支える大家族‐親族制が存在します。

たとえば母がわが子を、度を越して突き離したかに見えるときには、伯（叔）父や伯（叔）母たちがその子をなだめ、あるいはそれとは逆に、伯（叔）父・伯（叔）母たちがその子を意図的に挑発しからかっているところを、実の母が介入して助ける……というようなことが、一日のうちにいく度も起こるのです。

こうしてバリの子どもたちはたくましく育ってゆきます。

さらに特筆すべきことは、大家族‐親族制のもとに行なわれる芸術教育です。

バリの人びとはほとんどみな、一芸に秀でています。舞踊、朗詠、音楽、絵画等々……。

それらを子どもたちは、父母そして伯（叔）父・伯（叔）母、あるいは年上の兄姉、従兄姉たちから学ぶのです。そしてそれらの伎芸を試し、また、他家の子どもたちと交流し合う祭りや儀礼には事欠きません。

言語教育についても触れておきましょう。

バリの言語体系は複雑で豊かです。相手の身分や年齢によって使い分ける尊敬語・普通語・簡易語の三段階があり、ほかに公用語としてのインドネシア語、そして儀礼に使う古ジャワ語（カーウィ語）やサンスクリット語があります。

通常使用される会話用言語のうちでも、尊敬語（上級語）Bahasa Halus は大変難しく美しく、自由に操るには一苦労です。

そこで尊敬語をしっかりと学ぶため、子どもが祖父母の住む本家に里子に出されることがあります。近しい間柄では、ついつい中級語を使ってしまうので、尊敬語を使わねばならない祖父母のところへ預けられるのです。そして言葉遣いが丁寧《ていねい》になれば、それに伴い仕草や身のこなしも自ずと丁寧になります。また、さらにそのとき祖父母にある程度ヒンドゥの教養があり、古謡・神謡を儀礼の際に朗うならわしなどあれば、それを耳にし口に出しつつ、カーウィ語なども自然に身につけてゆくのです。

バリの人びとが経済的には貧しくとも、みなが自らの文化に誇りを持ち、美しい作法と

メシ家の家族

立居振る舞いを身につけていて、神への深い信仰とともに強く目醒《めざ》めた自己意識を持っている理由が、ここにあります。いや、それどころか、経済的に豊かな日本の子どもたちに較べると、バリの子どもたちの方がずっとしっかりしています。自分のことは自分でできるし、大人たちから何かを頼まれても嫌がらずにしますし、家の手伝いもよくします。それでいて、無邪気ではにかみやでとても子どもらしいのです。一方、日本の子どもたちの多くは、変に大人びて小生意気なことを言うにもかかわらず、自分のことは何ひとつ自分でできないし、こころがしっかりと成長していないのです。

ではここで、私が特に親しくさせていただいているメシ家の子どもたちを例にとり、昨今の日本によく見られる子どもの様子と較べてみましょう。メシ家は私の師匠である影絵芝居師で僧侶の I Dewa Made Rai Mesi（「I」は表記のみで発音せず）デワ・マデ・ライ・メシ師を頂点として、その子その孫たち数十名から成り、みなが諸芸能に秀でた一族です。

	バリ	日本
〔衣〕　洋服	・清潔だが質素 ・おさがりが多い	・高価 ・ブランド

〔食〕	食事	・粗食、自宅	・美食、外食
	おやつ	・伝統的餅菓子	・スナック菓子
〔住〕	家族	・大家族	・核家族
	父母以外の大人	・おじ、おば、祖父母、祖父母の兄弟姉妹	・なし（祖父母いても父母との関係難）
	睡眠	・早く就寝し、よく眠る	・遅く就寝し、寝不足
	家事	・よく手伝う	・手伝わない
	マスメディア	・比較的影響少ない	・メディア漬け
〔遊〕	外あそび	・よくする	・あまりしない、できない
	おもちゃ	・ありあわせのもの	・既成の玩具
		・棒切れ、空箱、果実木石	・キャラクター商品
	娯楽	・祭り、友人との会話	・テレビ、ゲーム
	おこづかい	・極少	・過剰

友人	・従兄弟や近所の子ども	・同級生あるいはなし
里子	・よく出す	・ほとんど出さない
〔教〕塾	・存在しない	・当然
おけいこごと	・伝統芸能を通常は家族から上手な子は町の名手から	・水泳、サッカー、ピアノ、バレエ、バイオリンなど
受験	・なし	・生活の大きな部分を占める
躾	・上級語（敬語）修得	・言葉の乱れ
	・立居振る舞いの美しさ	・礼儀作法の乱れ
	・祖父母による教育豊か	・祖父母の甘やかし

この表を見れば、メシ家の子どもたちが、物質的には貧しくとも、精神形成のためには非常に豊かな環境に恵まれていることがわかります。彼らのこころの麗しさ、輝く眼と歪みのない表情がこれでよく納得できます。そしてこのような理想的な条件のなかで、先に述べた母子生活が生かされます。つまり母子教育というものは、それだけ独立しているのではありませんか。それはあたかも豊かな太陽と雨露と土壌に恵まれて育つ、麦や稲の穂のようです。

たくさんの大人たちに囲まれ、さまざまな形と内容の愛情が子どもに注がれることが大変に重要なのです。そのときこそ母の愛が最大限に生かされるのです。

数年前、何人かのご父母が私のところ（青い丘・表参道學舎）に来られ、その小さなかけがえのない子どもたちのこころの教育を依頼されたとき、私がまず自らに条件として課したのも、そのことでした。すなわち、そのような子どもの広場・教育の場には、教師・スタッフとして直接的に関わる大人以外に、多くのヴォランティア・講師・アドヴァイザーが存在して、少し離れた立場から親や教師とはまた違った種類のこころ、違った種類の愛情を子どもたちに注ぐ必要があるということです。そのようにして母と子の学びの場「まるめろの木」は始まりました。

バリ島の壮大な棚田にそよぐ黒米や赤米の稲穂とまではゆかないまでも、天にも届かんバンヤンや椰子の樹とはいわないまでも、「まるめろの木」は芳《かぐわ》しい実をつけるまでに育ちました。これからもバリの母たちに学び、また私たち自らの伝統にも本来存在していた、まことの芸術・言語教育に努めてゆきたいと思います。

それではここで、メシ家のひとりの男の子に登場してもらいましょう。

ヒンドゥの子グストラへ

イダ・バグス・プトラ・ドゥタ（Ida Bagus Putra Duta）
一九九五年二月二〇日生

デワ・マデ・ライ・メシ師の娘のひとり、デワ・アユ・プルナミとその夫君イダ・バグス・アルナユの養子です。彼らには子どもがいなかったので、アルナユ氏のお姉さんの末子を引き取りました。

アルナユ氏はブラフマーナ（祭司）の家系に生まれましたが、一家は大変貧しかったので、新天地を求めてスラウェシ島へ移住したのです。しかし、気候は厳しく土地の地味は悪く、バリにいたときよりも却ってつらく貧しい生活でした——そのような環境にイダ・バグス・プトラ（愛称グストラ）は生まれ育ったのです。

五歳の誕生日を迎えてバリにやって来たとき、グストラは元のお母さんや家族を離れて少しの間は悲しかったのですが、けれども以前にも劣らない優しい父母（アルナユとプルナミ）やデワ・マデ・ライ・メシを始めとする素晴らしい祖父、伯父伯母、従兄姉たちに恵まれて、すぐに元気になりました。加えてここは気候も暑すぎず、水は豊富で田畑や森は青々

グストラと母プルナミ

としているし、清潔で気持ちよく生活できるので、彼は小さいながら、このように計らってくれた新しい家族、そして何よりもヒンドゥの神様に感謝しているのです。

先だって私がバリを訪れたとき、グストラは空港に新しい父母《ちちはは》と共に迎えにきていてくれ、

「ようこそ、グデおじさん（グデは私のバリの名、I Gede Taka Darma Mesi の Gede グデです）、僕グストラです」

と、少しはにかみながらも目をまっすぐにこちらに向けて言ってくれたのです。

「グストラ、君は大変良い子だ」

私は思わず、そう叫んでしまいました。彼の美しい瞳には、こころの清らかさ・美しさがそのまま現れていたからです。けれどその美しさはただの美しさではありません。つらい幼年時代を過ごして磨かれた美しさなのです。

「おお、日本の子どもたちよ
おまえたちがかつては持っていたはずの
親から受け継いでいたはずの
こころの清らかさ、たおやかさ、

しかし時代の荒野の中で失ってしまった……
その清らかさがここにあったよ
そのたおやかさが生きていたよ
おお、バリの子どもよ
ヒンドゥの神々の子、グストラよ
おまえが過ごしたつらく苦しい日々は、
今こうしておまえの煌めく眼《まなこ》となった
よく磨かれたこころとなった
新しい父母《ちちはは》と共に
その宝を大切に守れよ
人に伝えてくれよ……」

私は思わずこころのなかで朗いました。
そしてそれからの日々、彼が新しい家族のなかでどれほど深く愛され、従兄姉とどれほど楽しいときを過ごしているかを、そしてそのことに彼の小さな（いや大きな）魂が深く感謝していることを、そばでしっかりと見ることができました。

このような感謝のこころ、父母や神々や大自然に対する畏敬の念が、こうして小さい頃から培われるということは、何と素晴らしいことなのでしょう。それは、グストラだけではなく、彼ほどの特別な在り方でないにしても、バリの子どもたちの大多数が持っているものなのです。ものごころつく頃から、大人たちがする供え物の準備――たとえばバナナや椰子の葉でさまざまな皿や入れ物をつくる――を見よう見まねでしてみること。驚くほど頻繁にある祭りの度に、ていねいに沐浴をして正装し、寺に祈りを捧げにゆくこと。そのような全く自然で無理がなく、しかし深い叡知に満ちた行為の積み重ねが、何にも増して重要なのです。

ですからグストラが、これからも今まで通り生き生きと健やかに育ってゆくことを願います。愛情深く聡明な母プルナミは、必ずやこの子を優れたバリ人にするに違いありません。

「子どもの将来がこんなに楽しみだなんて、日本では心配の方がつい先に立ってしまうなあ……」

こんなことをこころに呟き、私はまた改めて、日本の子どもたちに想いを馳せました。

11 沖縄の子どもたち

西原の青空の下で

那覇空港から車で北東へ向い、首里、浦添《うらそえ》、宜野湾《ぎのわん》を抜けると、静かな海と白い穂が風にそよぐさとうきび畑の拡がる西原です。

気を失うほどの青い空が、そのまま屋根を染めてしまったような小さな会堂、そこに子どもたちは通っています。そして私も彼らに会うために羽田から那覇へと飛ぶのです。

「てぃ〜だ」（琉球語で「太陽」の意）という名のこのグループは、子どもたちが沖縄の美しい自然に親しみ、また島々に残るわらべうたや伝統的な遊びを彼らとともに守り伝えようとしています。

そこに最近、自閉症の子どもたちが参加するようになり、私は助っ人の旅がらすとして呼ばれるようになりました。

前章でバリと日本の子どもたちの違いを表にしてみましたが、沖縄の子どもたちは両者の移行状態にあるようです。

たとえば沖縄では、今なお親族間の結びつきが強く、伝統芸能もある程度は守られている一方で、メディアやブランド、キャラクターの影響は却って大和（通常「本土」あるいは「内地」といわれていますが、ここでは民族・語族的に考えて、日本のうちの琉球と大和、としたいと思います）よりも強いと思わされます。ここに琉球の伝統文化と日本そして世界を被う現代文明の二層構造が見られます。

社会と文化の重層性を使い分けて生きぬく沖縄人「ウチナンチュウ」のしたたかさは、バリ島人のそれと共通しています。ですから私は、世界文化の未来はバリにあり、日本文化の未来は沖縄にあると、常日頃思っているのです。

そのような土地に要請されてゆくのは大変光栄なことです。それも演出家、そして治療教育者として……。なぜなら、「日本文化の未来」と私が言うとき、それは「芸術と治療教育の未来」を意味しているからです。

「芸術の未来」が沖縄にあるのは、バリと同じように伝統芸能が残っているからです。

「治療教育の未来」がやはり沖縄にあると私が思う理由は、この島の人びとが近い過去に民族として人間としての深い傷を負い、深い痛みを体験したからです。

私は先の戦争のときのことを、書物などから間接的にしか知りません。けれどもこうして沖縄訪問を重ね、彼らのこころの優しさ温かさに触れ続けていると、その優しさ温かさというものが、ただ恵まれた自然と芸術の環境から来たものでないことを、ひしひしと感じ始めるのです。

存在の根底にまで関わるほどの傷をこころに負ってしまった者だけがかもし出すことのできる、海のように深い優しさを、この島嶼《とうしょ》の人びとは持っています。そしてこの優しさ、この寛容さが、こころの保護を求める子どもたちにとって、どれほど日々を生きる励ましになるかわかりません。

西原の空は限りなく青く晴れやかに拡がっています。しかしその静かな海は、いつも深い悲しみをたたえているようです。そしてさとうきびの白い穂は、悲しみを慰め、傷を癒やすように今日もまたそよいでいます。

キャラクター人形の虚と実

キャラクター・グッズと通称されるもののなかに、ぬいぐるみの人形があります。このグロテスクな人形たちほど、子どものこころの想像力を低下させ、その一方で獣性、残虐性を助長するものはないのですが、親たちは通常、子どもが欲しがるという単純な理由でどんどん買い与えています。

キャラクターとはそもそも、演劇用語で、ひとつの性格が強く誇張されて演じられる役柄のことです。それがいつの頃から、アニメーションの登場人物やけものたちに使われるようになったのでしょうか。

極端にくっきりとした目鼻だちや、異常なまでに強調された身体部分は、子どものこころ深くまで干渉し、そこに想像力の働く余地を与えません。そして彼らの淡く繊細な美的感覚を蹂躙し萎靡《いび》させてしまうのです。

闇と光のあわいに色が生まれ虹の七色が生まれ、善と悪のせめぎ合いのなかに苦難を乗り越えようとする人間の生き様が美しいのです。

くっきりはっきりと色付けがされ、また善悪をはっきり区別されたキャラクター人形ほどつまらないものはありません。

　ちょうど、蠟で作ったバラのつぼみや、プラスチックで出来た桃の方が、
　実物は不完全な形であったのに、俺たちの目にはより完璧に見え、
　バラのつぼみや桃はこういう風でなければならないと

俺たちが思いこんでしまうように。

（神戸児童連続殺傷事件の少年A作成「懲役13年」より）

そしてこれらの人形はつまらないどころか、現実以上の力を持って人形こそが真実であるかのように子どものこころを催眠してしまいます。

りょうすけくん*もまた、そのようなキャラクター人形の虜になったひとりでした。

りょうすけくんとぬいぐるみの「D」ちゃん

私がお会いしたときには、お母さまももう充分、キャラクター人形の危険性については理解しておられました。

ただしかし、自閉症のりょうすけくんにとって現実世界との接点を見い出す唯一の媒介者であるといってよいほどのその人形を、果たして取り上げてしまってよいものかどうか、決断がつきかねておられるのでした。

その疑問に対する私の答えは簡単で乱暴すぎるほどのものです。

---

*注　本文中のりょうすけくんはご本人およびご両親の希望で本名で掲載させていただきました。

すなわち、ぬいぐるみを取り上げてしまえば、自ずと彼は現実との間に別の接点を見い出す、というものです。

さて、木の床の感触が心地よい、二階まで吹きぬけの会堂にりょうすけくんはお母さまに連れられてやってきました。腕には事前に知らされていた通り、キャラクターの「D」ちゃんを抱えています。

私は「D」ちゃんを見せてくれるように頼みました。

彼は躊躇なく「D」ちゃんを渡してくれました。

そこで私は宣告しました。

「りょうすけくん、Dちゃんは川手先生が東京へ連れてゆきます。もう二度と沖縄には戻ってきません。Dちゃんは東京で死ぬのです」

すると案に違わず、りょうすけくんに恐慌＝パニックが訪れました。

「Dちゃんを返してください。Dちゃんを返してください。Dちゃんを返してください」

自閉症の子どもに特有の機械的な繰り返しです。しかしその背後には彼の感情の高ぶり、焦燥と心配がはっきりと見て取れます。本来は、このような扱いを自閉症の子にしてはならないのです。

というのも彼の感ずる心の痛みは、いわゆる健常児が実際に棍棒で殴られたときの身体的苦痛か、それ以上に比べられるものなのですから。にもかかわらず、私は治療教育者として許される限度を踏み越え、しかもいたって冷静に続けました。

「りょうすけくん、Dちゃんは東京へゆきます。二度と戻ってきません」

「Dちゃんを返してください。Dちゃんを返してください。Dちゃんを返してください」

「いいえ、Dちゃんは帰ってきません」

「Dちゃんを返してください。Dちゃんを返してください。Dちゃんを……」

りょうすけくんの口調がどんどん早くなってゆきます。

「Dちゃんを返してください。Dちゃんを返してください。Dちゃんを……」

そしてとうとう、りょうすけくんも臨界点を越えました。

もう繰り返し言うのはやめ、金切り声をあげて泣き叫びます。身体は強く震えます。

そのとき私は本能的に彼を抱きしめ持ち上げて階段を上り、吹き抜けの向こうにある二階の小部屋に彼を連れてゆきました。私は治療教育の禁断の領域へとますますはいってゆきます。りょうすけくんはいっそう激しく泣き叫びます。

部屋の戸を閉め、私は彼を離します。彼は窓から飛び降りようとします。私はそれを押さえます。そしてもう一度抱きしめます。

「下に降ろしてください。下に降ろしてください。下に降ろしてください」

私は間髪入れず答えます。

「下に降りてもいいけれど、Dちゃんは戻りません！」

「わかりました。わかりました。わかりました。Dちゃんは戻りません。Dちゃんは戻りません。Dちゃんは戻りません」

こう言ったりょうすけくんは潮が引くように落ち着きました。身体の震えが止まります。

私は彼と手をつなぎ、ゆっくりと階段を降ります。

りょうすけくんは最後の抵抗を、しかし大方はあきらめた様子で呟《つぶや》くように語ります。

「Dチャンヲカエシテクダサイ。Dチャンヲカエシテクダサイ。Dチャンヲカエシテクダサイ」

「りょうすけくん！　Dちゃんは戻らないと約束しましたねえ」

私はいくらかエネルギッシュに応えます。

「ワカリマシタ、ワカリマシタ、ワカリマシタ。Dチャンハモドリマセン、Dチャンハモドリマセン、Dチャンハモドリマセン」

そう言いながら、彼の高い知性が働きます。この状況から次に何をすべきか、何を言うべきか、彼の心、彼の頭脳が全開します。

そして数十秒の後に出した彼の結論です。

「Mちゃんはどこですか。Mちゃんはどこですか。Mちゃんはどこですか」

「M」ちゃんとは別のキャラクター人形のことです。

私は一瞬またか……と思い、しかし思い直してお母さまに尋ねました。

「Mちゃんも持ってきていたのですか」

実はお母さまは、「てぃ〜だ」のスタッフと相談して、家中のぬいぐるみの大半を車に積んで来られたのです。

「りょうすけくん、Mちゃんを持っていらっしゃい」

りょうすけくんは、お母さまと、車に取りにゆきます。

数分後。

再び玄関に現われたりょうすけくんは片方の手にたくさんのぬいぐるみではちきれそうになった袋をぶら下げ、もう片方の腕に「M」ちゃんを抱えていました。

そうして一瞬立ち止まり、それからまっすぐに私の方へ向かって来ます。私は立ち上がります。

りょうすけくんは私を見上げ、袋をそして「M」ちゃんを差し出します。私はしっかり受け取ります。

「Mちゃんはどこへ行ってしまうの。Mちゃんはどこへ行ってしまうの。Mちゃんはどこへ行ってしまうの」

「りょうすけくん、心配しなくていいよ。DちゃんもMちゃんもみな川手先生が預かって東京へ連れてゆきますから。安心しなさい」

りょうすけくんは目を伏せ、かすかに頷きます。しかしそれは彼にとって大きな同意の表現なのです。

「では、あちらの部屋で先生方と遊んでいらっしゃい」

そうしてりょうすけくんは初めて「D」ちゃんなしで遊びました。流木や貝殻やどんぐりの実で遊びました。わらべうたもうたいました。となえことばもとなえました。

その間、お母さまと先行きの相談をしました。私の滞在期間は限られています。明日また改めて、というわけにはゆきませんので、手短かにかいつまんで話しました。

その日を境にりょうすけくんにとっての現実との橋渡し役は「D」ちゃんに限られることはなくなりました。お母さまは私が急いで話したことをよく理解してくださり、家中のぬいぐるみを処分されました。りょうすけくんは、たくさんの遊びを覚え、うたを覚え、こころはぐんぐん落ち着きます。

後日。

「川手先生、どうしてあそこまでされたのですか。私たちはハラハラしました」

「てぃ〜だ」の代表者に訊かれました。父母に絶大の信頼を得ている教育家です。そして私は彼女のその信頼を頼りに行なったのです。沖縄の人びとが持つこころの深さ、柔らかさが、勇気を与えてくれたのです。ヘタをするとりょうすけくんのこころに致命傷を与え、彼が自己閉塞の闇のなかに落ち込んでしまうかもしれない危険を冒してまで、この荒療治に賭けることができたのです。

宇宙の闇は暗く、無限に拡がっていました。しかしそのかなたに月の光も見えたのです。その月光こそ、沖縄の優しさです。たおやかさです。

私がこの危険を冒したのは、りょうすけくんがこのままグロテスクな人形だけを媒介に、世の中と偽りの関係性を続けてゆくことを、よしとしなかったからです。そして実はそのことを私よりも誰よりも、お母さまよりも「てぃ〜だ」の先生方よりも、りょうすけくんが一番わかっていたからです。「D」ちゃんをあきらめた後、「M」ちゃんのことを言うまでの数十秒間でりょうすけくんはそのことを確信することができたのです。お母さまに手短かに申しあげたのはそのことです。

これからの一生を、どのようにしてできる限り現実に即して生きてゆくのか、彼の優れた知性をどのようにして引き出してゆくのか、その試みを始めることのできる、その日は数少ないチャンスだったのです。そしてりょうすけくん自身がそれを望んだのです。望んでくれたのです。

月は優しく光っていました。しかしその月を輝かせる大本の「太陽＝てぃ〜だ」は、りょうすけくん自身なのですから。


【後日談】


その後のりょうすけくんの成長は著しいものでした。

グループ活動のときには、友達といっしょにお白湯《さゆ》を飲めるようになり（他者との協調性と他者に対する興味――いずれも自閉症の子どもにとっては難関です）、個別セッションの水彩では、色だけで遊んでいた状態から進んで、昔話の登場人物や動物を描くようになりました（過去の体験の想起・表象とその表現・伝達――これも大変な難関を通り抜けたことになります）。

久しぶりに沖縄を訪れたとき、りょうすけくんは一枚の絵を贈ってくれました。私は眼鏡をかけ、羽が生えています。お母さんがいくら「川手先生は眼鏡をかけていないのよ」と言っても、私の顔には必ず眼鏡を描くそうです（因《ちな》みに私は十年前まで眼鏡をかけていましたが、もちろんそのことをお母さんにもりょうすけくんにも伝えていません）。

りょうすけくんの美しい表情には落ち着きが顕れ、会話が充分に成立します。


（二〇〇一年四月二十三日）

イラスト「羽のついた先生」
（りょうすけ君作）

12 新しい時代を担う子どもたち・若者たちのために

生きることの意味について

生きる道をさがしあぐねていた十七歳の私は、続けて二度の窃盗を働きました。

一度目のときは、通っていた高校から三日間の自宅謹慎処分を受け、その三日間で吉川英治著の『三国志』を読み切って、英雄きどりで学校に戻りました。

二度目のときは、少し深刻でした。たわいのない万引きであっても、罪を重ねた私を、警察は今度は大目に見てはくれず、母とともに家庭裁判所へゆきました。

表向きは優等生で通っていた私がそのようなことをするのを、母はとても理解できず、泣き崩れました。私は母には済まないと思いつつも、このようなことになってしまったことを必然のように受け止めてもいるのでした。

私はいわゆる進学校に通っていましたが、どうしても受験勉強というものになじめませんでした。

そこで思いきって、海外に留学することに決めました。

時はオイルショックで、それまで反社会的あるいは脱社会的な言動をしていた友人たちが、不景気になっても職を失わないという理由で、教職の取りやすい大学や学部を志望校に選び始めました。

私は彼らを、国家主義のまわし者だと批判しました。

彼らは私を、戦いを恐れて尻尾を巻き、国外へ逃げ出す臆病犬だとなじりました。

けれども結局、彼らも私も、自らが本当は何を為すべきなのかわからないことに関しては、少しの違いもないのでした。生きることの重圧が私たちを襲い、私たちはみなそれぞれの方法でもがき苦しんでいたのです。

その重圧に耐えかねてか、都立高校のなかでも特におとなしい生徒で知られていた私たちも、校内外での暴力や犯罪を犯し始めたのです。しかしそれもまた、私たちの自己表現のひとつでした。

脱落者となじる数名の友人を尻目に、またその逆にこころを励ましてくれるたくさんの友人たちの声援を受け、彼らとの別離の悲しみに暮れながら、私はアメリカ大陸へと逃げてゆきました。

そこには見渡す限りの大草原《プレイリー》が拡がっていて、夏には麦の穂が一面黄金に光り輝き、冬は雪嵐《ブリザード》が吹き荒れていました。クレージー・ホース（crazy horse）やシティング・ブル（sitting bull）と呼ばれたスー族の英雄たちが、部族の存亡をかけて不翻意な「戦い」を戦い、そして敗れ去ったダコタの地。景色と天候の激しい移り変わりは、あたかも私のこころの内を写し出しているようでした。

秋になって初めて霜の立つ日、朝起きて外に出てみると、腰の高さまでの霧が一面に拡がっていました。それはダコタの大平原がそっくりそのまま天国になったようでした。あるいは極寒の冬の朝、ミズーリ河が蛇行するところから、蒸気が白く太い柱となって青空のかなたまで伸びていました。それはまさしく「天の柱」でした。私は大自然の奇跡の技に目を見張るばかりでした。

そのような雄大、かつ厳しい大自然のなかに生きる人びとを私は愛し、敬いました。そこには真にキリスト的な生き方を実践する人びとがいました。弱者に手を差し伸べ、徳高く生きる人びとです。私はそのような生き方に触れ、心動かされ、自らを聖書の著述に浸らせてみました。若い私の魂は、出エジプト紀におけるモーゼの決断力に感動し、ダヴィデやソロモンの詩篇の美しさに心洗われ、福音書に伝わるイエスの生き様に涙しました。

なかでも特に心打たれたのは、当時身元引受人《ホストマザー》をしてくれていた、ヘレン・ギルバートソン（Helen Gilbertson）という名の女性の生き方でした。彼女は教師として停年まで勤めた後、ハイウェイのサービスエリアにあるカフェのウェイトレスをしながら、何の血のつながりもない人びとを、旅先で知り合った程度の理由のみから、物心両面で援助しているのでした。

週末になると彼女は、車で何百マイルも離れた老人ホームや病院に行き、家族の愛から隔たってしまった人びとを励ますのでした。いつもヘレンに同行していた私は、生まれて初めて障害者と呼ばれる人たちと心身共に触れ合いました。この体験が後年、治療教育者としての私の道を切り開いたのです。

ヘレンはまた、世界中の若者たちと文通しており、彼らがアメリカに留学する際のホスト・マザーになるのでした。私も今、ヨーロッパやアジアを巡って、舞台活動や治療教育の合い間に、人助けの真似事のようなことをしています。

「人助け」は生半可な気持ちではできません。一端やり出したら、一生助け続ける覚悟がなければ却《かえ》ってその人を惑わせ、その人の生活を混乱させることになります。——人の人生に深く関わり、それを自らの人生に組み込んでゆく勇気を、私はヘレンから受け継いだのです。

あるいは、ひとりの若い牧師に頼まれて、大学での授業の合い間に病院に寝たきりの老人たちを訪れ、彼らに個別ミサを施す手伝いをしました。友人の牧師が説教をし、私は賛美歌を歌うのです。

病室から次の病室へ移る間、牧師は必ずトイレに私を伴い、死にきれない老人たちを呪い、死なせない医療を呪い、自らが呪う老人たちに説教をする自らの偽善を呪い、大声でわめき散らし、壁をたたき頭をぶつけ、そしてクリスチャンでも社会人でもない私に問うのでした。

「タカTaka、俺はこんなことをしていていいのか、俺は本当にこれでいいのか⁉」

「いいに決まってるじゃないか、ウィリーWilly、君がしていることは誰にもできない大切なことだよ」

生意気にもそう言うと、彼は安心して

「よくわかった、じゃあ次の部屋だ」

と言って、また老人たちを訪れ、個別ミサを続けるのでした。

私は彼の真摯さ・正直さに打たれ、人間がそう簡単に聖人になれるわけがなく、しかし自らの内に住まう負の感情は、その真摯さその正直さにより、善なる行為に変容させることができることを知りました。

以上のようにして、私は徐々に自分自身の「生きる道」、進むべき道を探し当てようとしていました。「生きることの意味」を新大陸の壮大な自然と、人びとの真《まこと》のこころから、学ぶことができたのです。

純一くんの使命

「生きることの意味」について考えることを迫られる時期が、多くの人の場合、成人前に二度来ます。一度は前項で述べた十六、七歳から二十歳ぐらいまでの間に、しかしそれ以前、九、十歳から十四、五歳までの間にも一度、人生についての大きな問いかけの波が訪れます。

純一くんは小学校の三年生まで、とても明るく快活な子でした。素直で親思いで、妹を可愛がり聡明な彼のことを、母親はいつも眩しく眺めていました。ところが、この輝きにいつしか影が射し始めたのです。

結論から言えば、「影よ、よく来てくれたね、影よ万歳！　影の訪れよ、おめでとう！」なのです。なぜなら、影の訪れにより、初めて人の人生は真の輝きを輝かせることができるようになるのですから……。

さて、純一くんですが、ある朝、母親に言ったのです。

「お母さん、僕学校に行きたくない」

私の研究所を訪れるたくさんの母たちが、わが子のそのような言動を、青天の霹靂《へきれき》として体験します。そしてその体験も、再び結論から言うなら、母親としての大変重要な体験なのです。

とある夕暮れに、私は純一くんと初めて向かい合って坐りました。

事前にある程度の様子は聞いています。

「純一くんは、学校には行きたくないんだね」

「はい」

「学校でいやなことがあるのだろう」

「はい」

「いやなことを話してくれるかい」

「友だちが僕のことをからかうんです」

「それはどういうこと」

「僕が眼鏡を掛け始めたら、みなが僕のことを〈めがねざる〉と呼び出したんです」

「〈めがねざる〉はいやだよねえ。いやでたまらないよねえ、学校など行きたくなくなってしまうねえ」

「はい」

ここでお母さまに席をはずして頂きました。もう大きな子ですから、親に直接聞かれたくないこともあるからです。

「純一くん、君は大人になったら何になりたいの」

「大工さんになりたいです」

あまりにはっきりと即答するのでびっくりします。

「君のお父さんは大工さんなの」

「いいえ、ちがいます」

「では親戚か知り合いに大工さんがいるのかな」

「いません」

「それならどうして大工さんになりたいと思ったんだい」

「木を削ったり切ったりするのが好きだからです」

ここで私は、純一くんが最初に部屋にはいってきたときの印象を想い起こします。最初に受けた直感をよく想い出そうと試みます。

「大工さんかあ。大工さんとは素晴らしいねえ。ところで純一くん、先生はね、純一くんを見ているとね。どうもお坊さんになるような気がするんだよ。それも人びとに親われる偉いお坊さんにね」

「……」

「なぜかというとね。君はダライ・ラマという人を知っているかい」

「知りません」

「ダライ・ラマという人は世界で一番偉いといってもいいほどのお坊さんなんだよ。そのお坊さんはね、チベットのお坊さんでは初めて眼鏡を掛けた人なのだ」

「ふーん……」

「で、お坊さんの衣に眼鏡の姿がとても素敵でね。信仰深く人格高いというだけでなく、とても進歩的なお坊さんとしても有名になったんだ。それに今でも東南アジアのタイなどにゆくとね、眼鏡を掛けていると、とても女の子にもてるんだぞー。純一くんなんか、タイに行ったらタイの可愛い女の子に声かけられっぱなしだろうなあ」

純一くんの顔が初めてほころび、とても素敵な男の子になりました。これはほんとに、純一くんがタイに行ったら気をつけなけりゃあいけないぞ、と思われました。

しかしこれからが本題です。これから本来の「治療教育」が始まります。つまり、純一くんの「大工さん」と私の「お坊さん」をいかに融合させて、彼が本来望んでいることを見つけるか、ということです。その結果がやはり「大工さん」なのか「お坊さん」なのか、それとも第三の道なのか、それはわかりません。大切なことは、彼自身がひとつの結論に達し、それを治療教育者としての私が認知することです。見つけ出すのは彼自身です。見つけ出す手伝いをするのが「治療教育」の大きな役割です。

しばらくの間考えました。夕闇が迫っています。

闇の向こうに光が見えた気がしました。

「純一くんはお寺に行ったことがある」

「はい、あります」

「面白かったかい」

「はい、とても面白かったです」

「何が一番面白かったのかな」

「仏様がみなよかったです」

「仏様って……仏像のことかな」

「はい、そうです」

私は思わず、ポンと手を鳴らしました。

「そうか! そうだったのか! 純一くん、君は仏像を彫ってみたいんだね!!」

「はい、彫ってみたいです」

「そうか、そうか、そうだったんだね、よかったよかった、わかってよかった」

私は幸せでした。純一くんも笑っていました。こころの奥に息づいていた真の衝動が、自分の言葉として表現できたのです。夕闇のなかに彼の美しい、仏様のような顔が光っていました。

その後、お母さまを呼びました。

「純一くんのことで三つお願いがあります。

一つは、学校に行きたくないときは、行かなくていいと言ってあげてください。

二つ目は、あと三年、眼鏡をがまんできて、中学生になったら、コンタクト・レンズにしてあげてください。

それから木彫りの練習をさせてあげてください」

純一くんは今、しっかり学校に通っています。もう彼のことを〈めがねざる〉とからかう子はいないそうです。なぜなら、自分の人生に確信を持っている人をいじめたり、からかうことなどできないし、そうしたって痛くもかゆくもないのですから、誰もそうしないのです。

私は実際、純一くんが仏師にならなくともよいと思います。それは事の成り行きですから……。

けれども十歳の少年が、仏師になりたいと望んだこと、それによって「生きることの意味」を見つけられたことは、素晴らしいことではないでしょうか。それに現代日本で仏師になりたいと願う小学生など、彼ひとりくらいではないでしょうか。それほど彼の存在と人生は特別なのです。特別になったのです。

巻末の昔話に、純一くんと出会う少し前に、その出会いを予言するかのように再話した『大工と鬼六』があります。各地に伝わる同類の話をもとにしながら、私はその大工に甚五郎という名をつけました。甚五郎とはもちろん、左甚五郎から頂いたのです。

純一くんは日光の東照宮に、左甚五郎の「ねむり猫」を見にゆきました。帰り道の友人宅で、日光の竹林の竹をもらい受け、家に持ち帰ってコーヒーカップを造りました。

不思議なユーモアがあって、小さな子どもたちに絶大な人気の純一くんを、私は以前よりもずっと眩しくたくましく感じています。

まりの決意――宝石のこころを持つ若者たち

この坂を登れば、すぐに立派な石の門が現われるはずです。そして、その門をくぐると、まりの通う定時制高校があります。

落ち葉を踏みしめ、カサコソと鳴る音を楽しみながら、しかし木枯らしの冷たさに心淋しく坂を登ってゆきます。今夜も彼女に会えるのが楽しみです。私は彼女と会うたびに、彼女のこころの純粋さに打たれつつ、このように優れた魂が現代社会の荒廃のなかに生まれおちなければならなかったことに、哀しみを覚えるのです。

一九六〇年代と八〇年代の高度経済成長で、日本古来の精神文化はほぼ完全に失われました。その結果といえば、唯一の自慢であった経済さえも破綻したのです。なんともお寒い結果ではありませんか。

たくさんの人びとが事業を興し、富を得、そして失いました。失ったものは富だけではありません。友人を失い、家族を失い、人を信ずることを忘れ、家族を愛することを忘れました。富はいつかまた手にすることができるかもしれません。しかし、いったん失った友人との信頼関係や家族との愛情は、二度と再び戻ることはないのです。

まりもまた、そのようなバブル経済に翻弄された家庭に生まれ育ちました。

父親が新らしく会社を興し、当初は順風満帆だった経営にも、いつしかバブル経済崩壊の波が襲い、小さな舟はあっけなく転覆、多額の借金を残して父親は事実上失踪しました。

その前日、家族が最後の膳を囲んだとき、いつも優しかった父に対し、まりは初めて意見し、父は初めてまりに手を上げました。それが父との最後の想い出です。

まりは働きながら定時制高校に通う道を選びました。少なくとも自分に必要なものは自分で払い、できればいくらかでも、母親が保証人になっている借金返済の手助けをしたいからです。

まりの人生は、決して幸多いとはいえません。活字にはしにくい体験もしています。一時は自虐的になり、「生きることの意味」を見失いそうになりましたが、「援助交際」も踏み留まり、リストカット（通称リスカ、手首を切る行為）もしませんでした。

「まりはどうして思い留まったの」

「自分の人生を棒に振りたくなかったからね」

「他に援交やリスカをしている娘《こ》がいたでしょ。彼女たちのことはどう思う」

「あたしには何も言えないな。みな自分の人生だからね。あたしにとっては人生を棒に振ることでも、ほかの子たちにとっては違うかもしれないからね」

まったくまりの言う通りだと思います。他人のことをとやかく批判することなどできません。誰しもこころに姦淫と殺人の体験を持っているのです。そしてこころの姦淫と殺人は、実際のそれらよりも罪の軽いことはありません。

まりの書いた素晴らしい文章を紹介しましょう。

私は千葉のとある牛丼屋で一年半アルバイトをしています。今のバイト先がオープンしてからずっと働いています。今ではオープン当時のメンバーもみんなやめていき、私一人が残っています。この一年半の間に新人が入ればすぐやめ、また新人が入ればすぐやめ、どいつもこいつも長つづきしなくて、いつもあきれてしまいます。「みんなお金にこまってないんだなぁ」、とか、「親がきびしいんだろうなぁ」といつも思います。仕事は無理矢理やったって楽しくないし、やりたい仕事見つけて働きたいときに働けばいいんじゃないかな？ と思います。ただ、自分が生活していけるよゆうがあるのならそれでいいと思います。遊びたいなら遊べばいい、それがイヤだと言うなら働けばいい！ 私はそう思います。

この学校に通っている人のなかにも働いていない人はたくさんいると思います。でも、それがダメだとは言いません。「働いていない、だから学校だけは行ってます」。それだけでもいいんです。自分が何かにぼっとうしてあいてる時間に趣味を見つけそれで楽しんでもいいんです。学校に部活だけしにくる人もいれば、勉強がしたくてくる人もいれば、友達に会いにくる人もいるんです。だから、定時制という所に通っている人は、きっと得をしているはずです。全日制に比べれば、一年多いけどその一年で得るものはとても多いように思えます。私は、途中であきらめかけたけど、今この場にいることがとてもうれしいです。自分がここまでやってこれたこと、仕事でつかれても、学校に行きたくなる気持はどんどんふくらんでいきます。私は、この学校のすべてが大好きです。授業がだるいと思っても、先生とおしゃべりしたり、周りの友達としゃべってみたり、少しはまじめに授業を受けてみたり……。人それぞれちがう価値感のなかでやっていくのはとてもむずかしいと思うけど、それになれてしまえばなんでもらくにやっていけると思います。髪の毛の色を変えようが、ピアスをしようが、どんな服装をしようが、定時制はそれだけ楽なんです。

あるとき、まりが言いました。

「先生、あたし歯科技巧士になろうか、福祉に進もうか迷っているんだけど、どう思う」

「まり自身はどちらに進みたいの」

「あたし的には福祉。でも生活的に歯科技巧士の方がいいと忠告してくれる人たちもいるし……」

私はまりの目を真っ直ぐに見つめます。

「まり、いいかい、自分の進みたい道へゆくんだ。その他のしがらみは考えちゃあいけない。それにね、君のような優しい娘が、人を助ける道に進まなくってどうするんだい。君は今までいろいろ苦しい体験をしているだろう。だから苦しい人の気持ちがわかるだろう」

「うん、わかると思う」

「それなら、苦しんでいる人のところへ行ってくれ。みな君のような人が来るのを待っているのだから。いいね」

まりのこころは、これまでの家族や男女関係によって、たしかに深く傷ついています。しかしまりはその傷を生かすことができるのです。それは美しい宝石をより美しく貴くする内包物のようです。

私はこの美しい宝石を守るためなら、すべてを投げ出す覚悟です。そして私ひとりの力で足りないのなら、どうか神よ、神々よ、力を貸してください。

落ち葉を踏みしめ、カサコソと鳴る音に耳を楽しませながら、坂を登ります。今夜もまた、まりに会えるのが楽しみです。なぜなら彼女に会うだけで、その宝石のようなこころに触れるだけで、私の荒《すさ》んだ気持ちは慰められ、疲れた身体は癒やされるのですから。

現代に生きるオイディプス

霞ヶ関の法務省東京保護観察所から初めて電話があったとき、私は一瞬ドキリとしました。万引でつかまり、家庭裁判所まで行ったときの記憶が、ありありと甦《よみがえ》ったのです。

けれども電話をくださった保護観察官は、治療教育と言語テラピーについて訊ねられたのでした。
それからは折に触れ、保護局や保護観察所の仕事を、講演や執筆を通してお手伝いするようになりましたが、こういう形で若き日の恩返しができるとは、夢にも思いませんでした。
現在私は、ギリシア悲劇「オイディプス王」を、子どもたち・若者たち、そして芸術家やヴォランティアの人びとと創っています。二〇〇一年二月に、第一回公演が八王子市で行なわれました。

この漆黒の闇の中
おれの足はいずこによろめき
おれの叫びはいずこへと吹き流されてゆくのか……。

（ソポクレス作『オイディプス王』より、川手訳）

父を殺し、母と姦通し、妻であり母であるその人を自殺へと追いつめ、そして自らの目を幾度も突いて盲目の旅に出る、オイディプスのこころの叫びです。その叫びが、今数千年の時を経て、再び世に響きわたるのです。
私はこの演劇プロジェクトを成功に導くために、三人の脳性麻痺の若者たちを訪れました。保護司の先生を通じて、このプロジェクトに興味を持っているという報告を受けたのです。

彼らに会ったとき、この子たちにはどうあっても出てもらうぞ、と思いました。彼らのうち二人は車椅子で、もうひとりもしっかりと歩けません。すなわち彼らは生まれながらにして、踝《くるぶし》に傷を持つオイディプスの痛みを知っているのです。しかし歩くことができない分、知性を高く働かせます。

お母さま方は、やはり彼らの持つ、いわゆる障害を気になさっているようでした。

「この子にお芝居などできるのでしょうか」

その問いに対する答えはすでに決まっていました。

「彼らにこそ、このプロジェクトに参加していただきたいのです。彼らがこの演劇を素晴しいものへと導いてくれるのです」

初稽古のとき、三組みの母子の様子を見て、私は心打たれました。母の愛が彼らをくるみ、慈しみ、守り育てているのです。そこでお母さま方にも、ぜひ舞台に立っていただこうと思いました。三人の若者の姿は、こころに傷を持ち、またこころの保護を求めるすべての子どもたち・若者たちに勇気を与えるでしょう。そして三人の母たちの姿は、すべての母親たちに勇気を与えるに違いありません。

「オイディプス王」
合唱隊《コロス》
撮影：半田広徳（演劇プロジェクト講師）

もうひとつ初稽古のときに、決めたことがあります。
それは、三人*のうち、
大樹《ひろき》くんにはコロス（朗唱による合唱隊）の中央にいてもらおう
隆江ちゃんには笛を吹いてもらおう
めぐみちゃんにはプログラムの装画を頼もう
ということです。

大樹くんの明るさと自由な発想の力
隆江ちゃんの根気強さと貫き通す意志
めぐみちゃんの瑞々しい感性

*注　本文中の大樹君、隆江さん、めぐみさんは、ご本人およびご両親の希望で本名で掲載させていただきました。

に気づいたからです。

隆江ちゃんは通常の見方から言えば、笛が吹けません。言葉も思うようには操れません。けれども彼女の高い知性は、不自由な身体に深く働きかけて、ほかの人間だったらとうに投げ出してしまうことでもあきらめずにやり通させるのです。

公演当日、隆江ちゃんのしの笛は、風のように鳴りました。彼女の笛は、口や唇という身体器官が鳴らしているというよりも、彼女のこころが鳴らしているのでした。こころの音は会場に響きわたり、人のこころを響かせました。

さらに私はこの芝居を通し、現代に生きる四つの美しい魂と出会いました。

それは主役を演じた四人、オイディプス王とその妻イオカステ、盲目の予言者テイレシアス、そして真実を伝えるコリントの使者の四人です。

いわゆる「健常」という枠で括《くく》られてしまう若者も、生きることの痛みとその痛みゆえの美しさを、魂の奥深くでは知っています。しかし日常生活においてはその事実に出会うほどの極限状態にまで至らないだけです。芸術表現の場は、まさにその非日常の極限状態を現出することを可能にします。

紀元二千年が暮れ、新しい世紀が明けて、公演までひと月に迫った頃。表参道にある研究所のアトリエでは、正月休みを返上した稽古が続けられていました。

いつになく順調に進んだ（と私が思った）稽古の後、私の周りに彼らが集まりました。

「先生、私心配で仕方がありません」

「どうしたんだい、よくできるようになったじゃないか」

「そんなことない、全然上手くできないよ……」

みな目に涙を浮かべています。

私が彼らのことを、ほんとうにいとおしく思うようになったのは、そのときからです。


〈わが子たちよ、おまえたちは今、ひとつことを仕遂げることの貴さ難しさを、真《まこと》に体験しているのだね。生きることの大切さ辛さをかみしめているのだね。おまえたちの流す涙は真珠のよう、おまえたちの震わすこころはアポロンの竪琴《たてごと》のようだ〉


私はこころのなかで彼らをしっかりと抱きしめてから、彼らを励ましました。

彼らのうちのひとりの不安はとくに著しく、役を返上したいとまで言いました。

それから数日間というもの、演出助手をしてくれているプロフェッショナルの女優たちがその子の説得にあたってくれ、私はその子のための万全を期すために、助手のひとりと代役の稽古を始めました。つまりこの問題が長びいても公演に支障が出ないこと、つまり公演を

うまくゆかせるためにこの子を説得する必要をなくすこと、純粋にこの子自身の問題として
この子に向き合えるために、です。

この子はしばらく稽古を休み、そして電話がありました。

「先生、また稽古に来てもいいですか、公演に出してくれますか」

私はこのとき初めて、少し厳しく言いました。

「……自分ひとりのことと思っていても、それはみなのことにつながるとか……自分の心配は、他のみなを心配させるとか……自分の脱落はこの公演を中止、あるいは失敗に導くかもしれないとか……、そんなことは君だってわかっているし、私にだってわかっている。けれどもそんなことはみなどうでもよい。舞台が成立しないとか、プロジェクトが宙に浮くとか、そんなことは何でもない。しかしどうでもよくないこと、何でもなくないことがある。それは、君が脱落者となることだ。そのとき君は、芝居の脱落者だけでなく、人生の、生きることの脱落者になるだろう」

その後のこの子の進歩はめざましいものでした。

舞台の上での存在感が増し、それとともに強く「生きること」を学んだと思います。

一方、オイディプスの役の子は、泣きながら苦しみながらも研究所の門をたたき続けました。既に過密スケジュールの合い間を目一杯、稽古の時間に取っています。その反動で研究

所の仕事、ほかの演出の仕事、執筆や講演がますます多忙を極めます。これ以上、稽古のためのすき間はどこにも見つかりません。それでもオイディプスが稽古に来たいと言えば、私はほかの仕事をみな凍結しました。

両の目よ、これでおれの犯した罪科《つみとが》も災いも、二度と見ることはないだろう。これからおまえたちは暗闇の中で、してはならぬことは何かを学び、欲してはならぬことを忘れ去るのだ。

——同右

ひとつの戯曲、ひとつの作品のなかに、核になる場面があります。そしてその場面のなかに核となる科白《せりふ》があり、そのなかに核となる文章があります。核心が上手く表現でき、人のこころを揺り動かす言葉となれば、それが成功、できなければ失敗を意味します。そのために私はすべての場面、すべての役づくりに全力を傾けるのです。

右の言葉がこころの奥底から、それも古代ギリシアの若き王オイディプスのこころの底から迸《ほとば》り出るように、若く美しき王、しかし世の最大の悲劇を体験する若者と稽古を重ねました。八王子の稽古場で、私のアトリエで、舞台稽古の始まる前にホワイエの片隅で、公演当日に楽屋で、そして舞台の袖で。

公演後も稽古は続けました。

表現がより真実に近づくために。痛みが深く絶えがたいものとなるために。この傷を、この痛みを表現するために、この子は生まれてきたのだ。いや「表現するため」ではない。「知る」ためだ。この傷と痛みを知るために、この子は生まれたのだ。

ここにいる者たちの中で、その羊飼いを知っている者があるか、
全てのことが明らかになるときが来たのだ。

——同右

いつの時代にも、迷える羊を導く羊飼いが現われ、また人のこころのなかには常に迷えるこころを導く「私」が存在します。オイディプスは羊飼いであり、羊飼いは予言者であり、救済者であり、開悟者であり、愛し憐れむ者です。オイディプスの言葉は、会場に響き渡りました。

しかしその声が響いたのは、会場だけではありません。

人を殺傷し、自らを傷つけるこの国の若者たち、そして世界の若者たちに、オイディプス

は呼ばわったのです。自分自身を見つけるためには、他人の身体をこじ開ける以外にも方法があることを、こんなにも素晴らしく、しかし、たしかな可能性があることを伝えたのです。

【付　記】

舞台の興奮未《ま》だ冷めやらぬ私の手許に、一通の封書が届きました。裏書きを見ると、大樹くんのお父さんからのものでした。ここにご紹介したいと思います。

拝啓

このたびは、大変ありがとうございました。感謝の気持ちは、充分に表現できません。こころの底から充実感と満足感がフツフツと沸き上がって来ます。

私が何かをしたということではありませんが、そばにいるだけで、皆様のエネルギーが、全身にぶつかって来ました。

大樹の最初の一言は、

「これで皆と会えなくなるのか。さびしいな」でした。

簡単な一言ですが、そのものであると感動し、うれしくなりました。そして、姉の香織も、「大樹は、家族のなかで一番活躍している。かっこよかった。すごい」でした。弟のことを誇りに思っていることに、心底うれしく思いました。こんな会話を彼女としたのは初めてでした（「芝居に感動してふるえた」と言っていました）。

大樹の人間関係、人とのつきあいの座標軸は、自分にとってやさしいか、やさしくないか。こわいか、こわくないか。そのなかで自分をどの位出せるか、甘えられるかといった単純明快なものです。私は、彼から教えられることが沢山あります。

親として、無責任だと言われるのは、覚悟の上で、芝居のことは、先生にお任せしよう。よくないこと、なおすべきことは先生がご指導して下さる。これも、彼にとって大切な経験と思っておりました。

世の中には常識、もっと言えば「恥」という観念があります。幕が降りた時のガッツポーズ、そしてトークショーでのはしゃぎ過ぎ、ハイテンションは全体のなかで、迷惑と思われる方もいたかも知れません。「何あれ？」と思った人もいたかも知れませんね（はずかしいと思うべきなのかも）。

私は、彼があれほどストレートに自己表現をしたのを見たのは、初めてでした。それほど、終わった後の気持ちの高揚が強かったのでしょう。深々と頭を下げる姿に感動すら覚えました。

今の私たちの最大の課題は、大樹の自立です。そして、当面の問題は、あと一年で卒業です。

一人では、留守番ができない。外出もできない。

「こころに傷を持つ」少年という意味では、傷があります。自信を持てるようになること、何かのきっかけをつかむこと、「親の子離れ」「子の親離れ」。

今までの大樹とのかかわりの「ツケ」がまわって来ていると思います。一つ一つの出会いのチャンスをつかみ、経験を積み重ねて行きます。「人生とは、何なのだろう」と大樹を通して考えることが、沢山あります。そして大樹のおかげで大勢の人達との出会いもあります。

今後ともよろしくお願い申し上げます。本当にありがとうございました。とり急ぎお礼方々が、まとまりのないことを長々と書いてしまいました。

敬具

山川徹（平成13年2月12日）

川手鷹彦御一同様

追伸　今でも舞台の感動の余韻が波うっております（書き足りないことは沢山ありますが、いずれ又機会がありましたら、お話しさせていただきたいと願っております）。

「出る杭は打たれる」と言います。出なければ打たれない。でも出ようとする意欲と打たれた後どうするかが大切なことと思います。そんな経験を積ませたいと願っております。

この手紙に呼応するかのように、参加者からも観客からも、「オイディプス王」の再演や演劇プロジェクトの継続を求める声が上がりました。そして二〇〇一年七月より、第二回「オイディプス王」プロジェクトが東京中野で始まりました。ギリシア悲劇と能楽という東西演劇芸術の至宝を子どもたち・若者たちの心に結び合わせるため、多忙を押してご参加くだすった名手の面々（和泉流狂言方野村与十郎氏、高安流大鼓方佃良勝氏、一噌流笛方一噌幸弘氏）も、続けてのご参加をご快諾くださいました。優れた作品や技芸を通じ、人間の意識と生命の営みの根源的な姿である「原像」が、若者たちのたおやかな身心に流れ込んでゆくでしょう。「原像」は、神話では神々として、和歌の内には愛や哀しみの究極的表現として息づいているものです。それが今や、「オイディプス」の痛みと自己認識（自分自身とは何か、自分は誰か）として体験されます。それはこころの内奥にわだかまる感情の浄化《カタルシス》をもたらし、「生きること」の意義と歓びにつながってゆくのです。

補遺

昔話と祈りの実践

I　となえ言葉と短歌

1　となえ言葉

言葉がリズムを持ち、しかしまだはっきりとした旋律に至っていない場合、それを私は「となえ言葉」と呼んでいます。

母と子の学びの場「まるめろの木」で使っているものをご紹介しましょう。

【例1】白《さ》湯《ゆ》

水を沸かせばお湯になる
湯のみに入れれば　白湯
お湯を冷ませば湯ざまし
湯ざましも　白湯
さあ　みんなで　白湯を飲もう
いただきます

古来、白湯は薬湯でもあり、客人に対するもてなしでもありました。そのような伝統は、まだ東南アジアには残されています。初めてバリ島を訪れたとき、民家で白湯を出され、私は長旅に疲れた身体が癒やされるのを感じたものです。

ですから私は、白湯のおいしさ・大切さを、現代日本の子どもたちにも知ってもらおうと思いました。そしてつくったのが、右の言葉です。

この言葉を唱えると、本当に白湯がおいしくなるから不思議です。元気に遊んだあとの喉と身体に、心地よく浸み渡ってゆくのです。呪文やまじないというものも、まさにこのような言葉のリズムと響きの力に頼んだものであったのでしょう。

それから「まるめろの木」のクラスの最後、昔話を聞く前にも、やはりとなえ言葉があります。

【例2】 昔話

それじゃあこれから
今は昔の話をするから
むかしむかしの話するから
わらし集まれ
腰おろせ
聞き耳たてろ

物事の「しつらい」（しつらえ）というのは、大切です。一服の茶にとっての茶器が、一輪の摘み花にとっての花器や盆が、その味や芸術性にとって大きな役割を果たすように、昔話が子どものこころに、より生き生きと注ぎ込まれるための工夫が求められるのです。

お話の聞きやすいところに落ち着いて坐り、部屋はあまり明るすぎないよう、あまりに光の強い日中は、できれば薄いカーテンをひくなどして、子どもがお話を充分に受け入れられる空間をつくり、右の言葉を唱えて、こころが集中するように導くのです。
あるいはまた、伝統的なわらべうたを旋律にのせて歌うのではなく、半ば語るように唱えることもできます。

【例3】　いちじく、にんじん

いちじく　にんじん　さんしょに　しいたけ　ごぼうで　ホイ
いちじく　にんじん　さんしょに　しいたけ
でっこん　ばっこん　チュウチュウガリガリ
いちじく　にんじん　さんしょに　しいたけ
でっこん　ばっこん
チュウチュウガリガリ　チュウチュウガリガリ　チュウチュウガリガリ
いちじく　にんじん　さんしょに　しいたけ　ごぼうで　ホイ

（六五頁に類歌）

各地に伝わる数え唄のひとつですが、手の所作をつけて手遊びのようにすると大変楽しいので、工夫してみてください。ただし、所作をつける際、意味内容を重視しすぎないよう注意しましょう。いちじくのときに一本指を出し、にんじんのときに二本指を出すようなことです。そうするとせっかくのファンタジー豊かな内容が、子どものこころに知的に乾燥して伝わってしまうからです。

たとえば、いちじく～ごぼうのところは両手を正面に合わせて上下に動かしリズムを取るようにする。でっこんばっこんは、今度は両手を上下に握り合わせて「でっこん、ばっこん」という音が表現されるように……と工夫してみるのです。チュウチュウガリガリのところは、いよいよねずみになりかわっておいしい野菜をかじりましょう。

以上のようなリズム豊かな「となえ言葉」は、ごく小さな子ども（二～三歳児）から小学生までみな楽しむことができます。豊かなリズムや言葉の響きは、直接子どもの身体に働きかけて、生命の営みを励まし、生き生きとさせるのです。また現実との関わりのうまくゆかないことのある子どもたち、「こころの保護を求める子どもたち」のあらゆる典型、自閉症、ダウン症、てんかん、小児ヒステリー、学習障害、注意欠陥多動性障害、レット症候群……等々の子どもたちにとって大切な日々の糧となり、場合によっては、どのような学習・身体訓練にもはるかに勝る効果をもって言語・歩行・対人関係の展開を見ることができるでしょう。

2 短歌

さて、就学年齢時、あるいは七歳ぐらいになったら、子どもたちにはぜひ古典和歌を与えたいものです。

【例1】 山上憶良の子らを思ふ歌

瓜食《は》めば 子ども思ほゆ 栗食《は》めば まして偲《しの》はゆ
何処《いづく》より 来たりしものそ 眼交《まなかひ》に もとな懸《かか》りて 安眠《やすい》し寝《な》さぬ

(反歌)
銀《しろかね》も 金《くがね》も玉も 何せむに 勝《まさ》れる宝 子に及《し》かめやも

(『万葉集』巻五に収載)

リズム・音の響き・内容・言葉の美しさ、いずれをとっても素晴しく、またそれらが巧みに融合・調和して、比類なく芸術性深い作品です。この万葉の宝に、これより社会との関わりを強めてゆく、現代の多くの子どもたちが触れますように。

このほかにも、古くから伝わる短歌には、瑞々しい子どものこころにとって相応しいものが星の数ほどあります。特に藤原俊成・定家父子の選んだ諸作品(『古来風躰抄』『近代秀歌』『小倉百人一首』などに収載)を中心に、万葉-古今-新古今の優れた歌の種々は、例外なく子どもたちに与えることができます。

【例2】秋は来ぬ　紅葉は宿に降り敷きぬ　道踏み分けて訪ふ人はなし　柿本人麿
【例3】ちはやぶる　神代も聞かず龍田川　から紅に水くくるとは　在原業平
【例4】きりぎりす　夜寒に秋のなるままに　弱るか聲の遠ざかり行く　西行法師
【例5】世の中よ　道こそなけれ思ひ入る　山の奥にも鹿ぞ鳴くなる　藤原俊成
【例6】風さやぐ　さ夜の寝覚めのさびしきは　はだれ霜ふり　鶴《たづ》さわに鳴く　藤原俊成
【例7】うづみ火に　すこし春あるここちして　よふかき冬をなぐさむるかな　藤原俊成
【例8】またや見む　交野《かたの》の御野《みの》の櫻狩り　花の雪散る春の曙　藤原俊成
【例9】春の夜の　夢のうき橋とだえして　峯にわかるるよこぐもの空　藤原定家
【例10】大空は　梅のにほひにかすみつつ　くもりもはてぬ春の夜の月　藤原定家
【例11】梅の花　にほひをうつす袖の上に　軒漏る月のかげぞあらそふ　藤原定家

そしてこれらの作品はひとりひとりの子どもに合わせて選ぶのがよいでしょう。その子の性向や望みに相応しいものを、彼の成長を願ってこころを込めて贈るのです。すると子どもはその気持ちをよく汲み取り、一首の歌を自らの成長の糧として、歓びをもって受け入れることができます。そしてそれを覚えるもよし、ひとりひとり詠ずるもよし、みなの合唱に合わせて歩行する（四拍子のリズムをとって歩く）もよし、です。

因みにこの四拍子のリズムは、古今東西の詩歌の根本にあるリズムで、それは人間の呼吸と脈拍の比率に対応しているため、人間のこころと身体を結ぶ普遍的なリズムといえるのです。

呼吸：十六〜十八　／　一　／　脈拍：六十四〜七十二　（一分間）
　　　　　　　　　　四　（比　率）

II　昔話

昔話を選ぶ上で、まず念頭に置かねばならないことは、その子あるいはその子たちの年齢やこころの発育状態をよく考慮に入れる、ということです。それをごく大まかにいうなら、次のようになります。

i　ものごころついてから四、五歳まで――母（母性を担う者）による創作話
ii　三、四歳から七、八歳まで――土地や日本に伝わる昔話
iii　七歳から十歳位まで――『グリム童話』など海外の昔話

1　創作話

ごく小さな子どもにとっては、未《ま》だ母親（母性）が世界のすべてであり、世界そのものです。ですから語るお話も、短いもので構いませんから、母親自身から流れ出すものがよいのです。たとえば、小さな男の子か女の子、あるいは小動物を主人公にしてひとまとまりの話を創り、それを三つか四つかに分けて一週間〜一カ月区切りで聞かせます。

【例1】　泉の水

I　昔々ある山のふもとに、ひとりの男の子がおりました。
おじいさんと二人で暮らしておりました。おじいさんは柴を刈っては薪《たきぎ》にし、また炭に焼いているのでした。

それから秋には茸《きのこ》を採り、栗を拾いました。

男の子もおじいさんを手伝って、楽しく過ごしておりました。

ところがあるとき、おじいさんが、病いで寝こんでしまったのです。

おじいさんは男の子に
「山奥にある泉から、水を汲んできて飲ませてくれ」

と頼みました。

男の子は早速出かけてゆきました。


II　山道をしばらくゆくと、男の子は道に迷ってしまいました。

木が鬱蒼《うっそう》と生い茂り、濃い霧がかかって、少しも先が見えません。

男の子が途方に暮れていると、一羽の山鳥がどこからか飛んできて木の枝に止まり、聞いたことのない、不思議な歌を歌いました。

とても美しい歌なので男の子が聞きほれていると、山鳥はピーッと一声締め括って飛び立ち、霧の向こうへ消えてゆきました。

男の子は山鳥の飛んでいった方へ進んでゆくことにしました。

III

そのうち小川の流れるところまでやってきました。

すると小川の畔に生えた木の根元に、おかしな恰好をした小さな人が穴を掘っているのでした。

男の子はいぶかしく思い、尋ねました。

「何を掘っているのですか」

「昔々に埋めておいた金を掘っているのさ」

小さな人は、しわがれ声で答えました。

その声を聞くと、男の子は急に喉が渇き、そしておじいさんのために水を取りに来たことを思い出しました。

「すみません。山の泉はどこにあるのでしょう」

すると小さな人は急に笑い出しました。

「ハッハッハ、何だそんなことか。それならこの小川に沿って登ってゆけ」

男の子はお礼を言って、早速登ってゆきました。

IV　男の子はようやく泉に辿り着きました。

まず自分の喉を潤してから、持ってきた竹の筒に水を入れ、山を降りました。

男の子は家に飛び込むと叫びました。

「おじいさん、泉の水を汲んできたよ」

おじいさんは床からおもむろに身を起こして言いました。

「そうか、ありがとう、ではすぐに飲ませてくれ」

男の子が竹の筒を渡すと、おじいさんはおいしそうに水を飲んで、また横になりました。そしてそのまま目を開くことはありませんでした。

それからというもの男の子は、おじいさんに教えられた通り、柴を刈って薪にし、炭を焼き、茸や栗を採って暮らしました。


今とっさに創ったものです。これでもあまり小さな子には、いくぶん複雑すぎるようですが、参考にしてください。創作話の条件は、

i　起承転結があること
ii　わかりやすく、簡単なもの

です。毎日聞くものですから、ごくあたりまえの内容で構いません。文学性を気にしたり、奇を衒《てら》ったりせず、既成の昔話も参照しながら、自分なりに創ってみてください。真似にならないように、などと思う必要もありません。丁度、毎日いただくお味噌汁のようなものだと思ってください。どこの家でもそう大した違いはないのです。それでいて母ならではの味なのです。お寿司やうな重やステーキを毎日食べていたら、お腹がこわれてしまうでしょう。洋風のもの、珍しいものを望まず、優しい味つけにし、よくある日本の風景、よくいる登場者で創ってみてください。

私の両親は新潟県佐渡ヶ島の出身です。

母の実家は河原田という町ですが、父の実家は小倉という山奥で、炭焼きをしたんぼを作りながら生活していました。

父は転勤族で私も九州から北海道まで何度も転校しておりますが、学校の夏休みやお正月には佐渡へ帰りました。

父の実家は本当に遠く、車で行けるところまで行っても、なお山道を延々と歩きました。

家の中には、山から引いた水がいつも流れており、ランプの明かりといろりの火がいやがうえにも恐ろしさを引き立てていました。

いろりの松の枝がパチパチと爆《は》ぜ、雪の降った地面を風が掘り起こすように吹くと、きまって父が「ほーら来たぞー」と話し出すのです。

「むかーしむかしのむかしから、冬の一番寒い日には、必ず雪女がやって来た。
起きてる子はいないか。遊んでる子はいないか。
声を出すとさらってゆくぞ。泣いてるとさらってゆくぞ。
雪女はいつもこうやって声かける、
おきてるかー、あそんでるかー
返事しちゃだめだぞ。ないちゃだめだぞ。
少しでも声を上げれば喰われるぞー」

こう言われると私はドキドキしながら外の景色に目をこらしたり、ふとんにもぐりこんだり、父のどてらの中に逃げ込んだりしました。

大伴　美砂子

現在、私は各地で、昔語りの技とこころを修得するゼミナール「とらおおかみ」を開催しています。そこには語りの技術や昔話の意義について学ぶほかに、受講者が自ら創作し再話するカリキュラムが組み込まれています。

右は、その折ひとりの受講者がみなにお話くださったものです。

この方は幼児教育の専門家ですが、雪国の山里の風景が彼女のこころの成長によく反映したことが、お話から窺《うかが》えます。このように自然のなかで、あるいは自然に親しんで育った子どもの心象風景は、都会に育った子のそれよりもずっと豊かで鮮やかなのです。

現代日本においては、子どもが自然の懐に抱かれて育つことが、極めて難しくなってきています。それは、たとえ大自然が形としては残っていても、それを人間が取り込みまた敬うための基盤となる、村や祭りや家族制度や家屋の在り方が、根本的に崩壊してしまったからです。

であるからこそ私は、少なくとも昔話やわらべうたを通じて、子どもたちに大自然の素晴らしさや恐ろしさを体験してもらいたいのです。

そのような思いから、私は「とらおおかみ」の各クラスで創作話の課題を出しました。『からすのかんざぶろう』というわらべうた（六七頁に既出）をもとにして大自然と神の喪失と再生をテーマに創作するよう、受講者のみなさんに求めたのです。

次にその例を二つ掲げてみましょう。

【例2】　からすのかんざぶろう

あったとさ。

ある山に、からすが一羽、あったとさ。

その名を、からすのかんざぶろうといったとさ。

ある朝かんざぶろうがえさを探しに出かけてゆくと、稔りの秋が来たというのに山ん中は荒れ果てて、木の実もなーんもなかったとさ。かんざぶろうは山の神さまに、

「神さま、神さま、山は荒れてえさはない。俺はいったいどうすりゃいいのか、教えてくれー。カァー、カァー」

と祈ったとさ。すると山の神さまは、

「これから里へ下りてゆき、人の食った残りもんをもらったらいい」

と教えてくれたとさ。

かんざぶろうはさっそく里へ下りてゆき、人ん家《ち》の前にあるゴミをつついては、食えそうなもんをあさっていたとさ。そうしたらそこいらに住む人たちがみな一斉に出てきて、

「あっ、からすがゴミをあさってるぞ。こらーっ、おまえなんかどこかへ行ってしまえ。しっしっ」

と口々に叫んだとさ。

かんざぶろうは驚いて、隣の里へ行ったとさ。しかしそこでも追い払われ、どこへ行っても同じめにあったとさ。かんざぶろうは腹がぺこぺこになり、ある家の庭の柿の木に止まって休んだとさ。

すると中から子どものうたう声がしてきたとさ。

からす　からす　かんざぶろう
おまえの家が焼けるから
早く行って　水かけろ
からす　からす　かんざぶろう

からす　からす　かんざぶろう
おまえの腹が減ったなら
早く飛んで来て　柿食べろ
からす　からす　かんざぶろう

それを聞いたかんざぶろうはうれしくなって思わず、

「カァー、カァー、カァー」

と鳴いたとさ。するとそれを聞いた男の子がびっくりして縁側に出てきて、

「あっ、からすのかんざぶろうだ、かあちゃん、からすのかんざぶろうが来てるよ」

と言ったとさ。かんざぶろうはその家でもいだ、大きくて真っ赤な柿の実を、たらふく食わしてもらい、すっかり元気になって山へ帰っていったとさ。

それからというもの、山はますます荒れてゆくので、かんざぶろうは腹が減ると、男の子のうちに来

ては、食い物をもらったとさ。

そのかわり、かんざぶろうはその子に、かつては美しかった山の話をいつも聞かせてやったとさ。

こんでこの話はおしまいじゃ。


語りの調子が「あったとさ……」で統一されています。このような日本語の古い語り口は、ときに昔話を親密に生き生きとさせることができます。

【例3】　からすの勘三郎

むかしある山に、勘三郎という名のからすが住んでおりました。

ある時、勘三郎はおなかがすいたので、木の実を探しにでかけました。

ところが山は荒れ果てて、木の実は少しもみつかりません。

勘三郎が途方にくれていると、りすの林太郎がやってきました。

「やあ、どうしたんだい勘三郎。君も木の実が見つからずに困っているのかい」

「もう、おなかがへって、おなかがへってしょうがないんだ。一体どこへ行ったら食べ物がみつかるのだろう」

林太郎は少し考えてから言いました。

「そうだ、山の奥の山神様に聞いてみようよ」

そこでふたりは山を登り始めました。長い道程《みちのり》だったのでのどはからからに乾きました。水を飲もうと思っても、小川はすっかり干上がっています。

勘三郎と林太郎はやっとのことで山神様と話ができるところまでたどりつきました。

二人は聞きました。

「山神様、山神様、山にはもう食べ物がありません。どうしたらいいのでしょう」

山神様は答えました。

「そうなんじゃ。ここのところ、里の者たちが木をすっかり切り倒してしまったので山に水がなくなってしまったのじゃ。わしにはどうすることもできん。悪いがおまえたち、これから木の神さま、水の神さま、鳥の神さまのところへ言って、お祈りしてはくれんかのう。おまえたちが真剣にお祈りしたら、山はもとどおりになるかもしれんのう」

そこで、勘三郎と林太郎は木の神様、水の神様、鳥の神様を捜しました。木にさわったり、なでてみたり、鳥たちに尋ねたり、天を仰いだりしながら、捜しました。けれども神様たちはなかなか見つかりませんでした。そのうち日が暮れてきました。二人はへとへとに疲れて、まだ一本残っていた大きな樫の木の根元にうずくまり、しばらく夕日を見ていました。そしてそれっきり動かなくなりました。

けれどもその晩ふたりは、木の神様、水の神様、鳥の神様の夢をみていました。そしてみんなの願い事を伝えることができました。

すると翌朝から雨が降り始め、三月の間やみませんでした。鳥たちはみんなどこかへ飛び去って行きました。崖が崩れ落ち、土砂と洪水がふもとの里を埋め尽くしました。雨は全てを洗い流したようでした。三月目の朝久しぶりに日が昇ると、どこからかまた鳥たちが戻ってきて、樫の木の枝々にひしめき合って止まりました。その根元には二人が眠っているのです。鳥たちはいつまでも唄いました。根元からは木々の若芽が出始めていました。

それから長い年月がたつて、山はもとどおりになったということです。

例3では「からすの勘三郎」と「りすの林太郎」が死にます。このような犠牲的死の情景は日本古来の昔話には滅多に出てきませんが、あまりにも早い時期から、メディア等を通して否応なく即物的・崩壊的な死を目のあたりにしてしまう新しい時代の子どもたちにとっては、必要になってきたのだと思います。すなわち、「死」というものの尊厳・荘厳さを昔話のイメージの中に体験することにより、物質現象的な死との均衡を保つのです。ところでこの話の場合には、語り口調は共通語の方が客観性が守られ、感傷的にならずによいでしょう。

さて、創作話の最後の例として、「生と死」の謎を豊かな形象に描いたもの（第一章一〇頁～「〈死〉の体験と学び」参照）を掲げましょう。日本各地いや世界中に伝わる、いわゆる「まま子ばなし」が、子どもの頃の私の原体験を触発し、それが長い年月をかけて熟成したものです。ですから敢えて「再話」ではなく、「創作話」のなかに入れました。

【例4】　麦子と米子

昔々あるとこに麦子と米子という二人のおなごがおったと。しかし麦子は死んだかあさまの子だったと。いまのかあさまは麦子ばかりを働かせ、米子にはなまけ放題させておったと。

ある日のこと、いまのかあさまが、

「麦子や麦子や、これから山へキノコ採りに行ってこい。そうしてこのかごをいっぱいにしてもどってこい」

そう云って、山へ送り出したと。ところがかあさまは前の日に山へ出かけ、めぼしいキノコはあらかた採り尽くしておったと。

山につくと、麦子はキノコを探したが、一向に見つからなかったと。

山の奥へと分け入って探し続けたにもかかわらず、少しもキノコが見つからないので麦子は途方にくれてしまい、夕暮れになるとしょんぼり家に帰ってきたと。

次の日かあさまは、

「麦子や麦子や、今日は谷川で水を汲んでこい。そうしてこの桶に水をいっぱいにして戻ってこい」

そう云って、底の割れた桶とひしゃくを麦子に手渡したと。

谷川につくと麦子は幾度も水をすくったが、少しも溜まる気配がなかったと。

日がな一日谷川ですくい続けたにもかかわらず、少しも水がたまらないので麦子は途方にくれてしまい、夕暮れにまたしょんぼりと家に帰ってきたと。

家ではかあさまが、

「おまえは一日山へ行ってキノコも採らねえ、川へ行っては水も汲めねえ。そんなことでは、明日の祭りにひとりで家にいるがいいぞ」

とぷんぷん怒ってねてしまったと。麦子は泣きながら眠ったと。

翌朝かあさまは麦子に、

「これからおれは米子と祭りにいってくるが、おまえは奥の部屋で糸をつむいでおれ」

と云って出かけていったと。

麦子は祭りに行きたい気持をこらえて、奥の部屋でいっしょうけんめい糸をつむいでおったと。ところがあんまりこんつめてつむいだので、ひょっとした拍子に細い糸で指こを切ってしまったと。すると白い糸がみるみる赤く染まったと。

そこで麦子は、

「山へ行ってもキノコは採れぬ、川へ行っても水汲めぬ、糸をつむげば血でそめる。こんなことでしょっちゅうかあさまにしかられんのはもうごめんだ」

と思って裏庭の井戸に飛び込んでしまったと。

ふと気がつくと麦子は、一面黄金色《きんいろ》に稲穂のなびく田んぼの畦道を歩いておったと。田んぼの水の中

からはおびただしい数のかえろが
「麦子けえった、ようけえった、クワー、クワー」

と騒いでおったと。

よく帰ったとは不思議なことを云うものだ、と思いながら、ひょいと向こうを見ると、田んぼのかなたに、一軒の古くて大きな百姓家が建っていたと。

麦子はそこまでたどりつき、表の扉をたたいてみたと。

すると中から出てこらしたのは、かつて死んだ実のかあさまだったと。

「麦子や麦子や、ようここまできたな」

かあさまは死んだころと少しも変わらず、たいそう美しい人だったと。

それからというもの、麦子はかあさまを手伝って朝から晩まで眠る間もなく働き、しかしそれはそれは楽しいときを過ごしたと。

朝は水くみと水まき、
昼は草かり、稲穂や麦や五穀刈り
夕べは掃除とお祈り
そうして晩は機織りと繕いもの

次から次へと働き詰めだったにもかかわらず、不思議と疲れることはなかったと。

それどころか、かあさまが、

「麦子や麦子や、おまえがこうして働けば、それがそのまま世のため人のためになるのだぞ」

とおっしゃると、麦子の身体にみるみる力がみなぎってきたのだと。

そうして一年のときが過ぎると、かあさまは麦子にむかって、

「麦子や麦子や、そろそろおまえの帰るときがきたぞ。おまえはよく働いたから、これを持ってゆけ」

と云って小さな玉手箱を手渡したと。

「この宝の箱に好きなものを三度唱えてなでてみろ。何でも出すぞ。大事にするのだぞ」

そう云うとかあさまの姿は消え、それとともに家も野山もたちまちのうちに失くなってしまったと。

ふと気がつくと、麦子は元の家の井戸の前に立っていたと。そうして腕にはかあさまから頂いた玉手箱を抱えておったと。とそのとき、遠くから祭ばやしが聞こえてきたゆえ、麦子ははたと思いすぐ家にはいって、宝の箱を早速ためしてみたと。

「出てこい出てこいきれいなきもの、出てこい出てこいきれいなきもの、出てこい出てこいきれいなきもの」

するとこれはなんと、本当にきれいなりっぱなきものが出てきたと。

麦子は同じようにしておび・かんざし・くしに、たびとげたまで出して、祭りへ出かけていったと。

すると一年前と同じように、今のかあさまと米子が祭りに来ていたと。ただし米子は麦子と同じ背格

好になっていたと。麦子が近づいてゆくと、今のかあさまはたいそうたまげた様子で、

「こりゃ麦子が戻ってきた。あれから十二年ほどもたったろうか。それにしてもずいぶんと美しい娘になったものだ。一体何が起こったのか話してくれ」

と尋ねるので、麦子は実のかあさまと玉手箱の話を聞かせてやったと。

そうしたら、丁度そこへ殿様の行列が通りかかって、

「これこれそこの美しい娘、城に来て嫁になるがよい」

とかごから殿様が麦子に命じられたので、麦子はそのままかごにのって城へ行ったと。

新しいかあさまは、

「米子や米子や、おまえも井戸にとびこんで、宝の箱をもらってこい」

と云って家へ連れて帰り、いやがる米子を無理やり井戸に突き落としたと。

米子は麦子の実のかあさまのところへ行ったものの、働きもせずなまけてばかりだったと。

そこで麦子のかあさまは、米子をすぐに追い帰したと。いまのかあさまは井戸ばたでいまかいまかと帰りを待ちわびていたが、米子は井戸からは戻ってこずに、村はずれの畦道《あぜみち》にあるこえだめから飛びだしてきたと。そうしたら田んぼのかえろが、

ケーロケロケーロケロケーロケロ
ケーロケロケーロケロケーロケロ

朝に水撒きゃ野山はみどり
昼に稲刈りゃ秋まつり
ケーロケロケーロケロケーロケロ

ゲーロゲロゲーロゲロゲーロゲロ
働きものにはきれいなべべきせ
なまけものにはくそかぶせー
ゲーロゲロゲーロゲロゲーロゲロ
ゲーロゲロゲーロゲロゲーロゲロ

と一晩中うたっておったとさ。

（川手鷹彦作）

・参考文献
「二所権現の事」『神道集』に収載。

「ぬかとこめ」『ばあばあのむかし』栖吉民俗誌（二）栖吉郷土誌刊行会発行に収載。

「米と糠」『日本の昔話八　いきがポーンとさけた　越後の昔話』水沢謙一編、未来社刊に収載。

「まま子とほん子」『宮崎のむかし話』比江島重孝著、鉱脈社版に収載。

「ホッレおばさん」「灰まみれ」『子どもと家庭の童話』グリム兄弟編に収載。

「サンドリヨン」『フランスの昔話』アシル・ミリアン、ポール・ドラリュ著、新倉朗子訳、大修館書店発行に収載。

「地のはての井戸」『世界の民話6　イギリス（イングランド、スコットランド、アイルランド、ブルターニュ）』ぎょうせい発行に収載、川端豊彦訳。

「バヴァン・プティとバヴァン・メラー」（インドネシア）『世界の民話一〇　アジアII』小沢俊夫訳、ぎょうせい発行に収載。


例3～4は、創作話とはいえ、比較的高い年齢の子どもたちに向いており、節の冒頭に記した分類によれば、二番目の「日本の昔話」に属すべきところでしょう。

2　日本の昔話を再話する

いわゆる幼児と呼ばれる子どもたち、三、四歳～七、八歳ぐらいの子どもたちは、言語に対する感覚を、人生のうちで最も著しく発達させます。何よりも、選びぬかれた美しい言葉に多く触れることが求められ、その最良の題材が伝統的な昔話なのです。

それ故、昔話を子どものために選ぶ際には、次のことが考慮に入れられなければなりません。

i　生き生きとしたリズムと美しい響きによって語られていること
ii　豊富なメタファー（暗喩）、つまりイメージを喚起させる言葉であること
iii　物語の構造と思想がはっきりとしていること

このうち昔話を語るに際して最も重要なことが、（i）のリズムと響きの問題です。ところが今日、昔話が口伝として伝わりにくい時代にあっては、どうしても書物に当たらざるを得ず、そうすると記述した時点で、言葉の力と勢いの幾許《いくばく》かは、すでに失われてしまっているのです。失われた力と勢いを甦《よみがえ》らせ、言葉にリズムと響きを取り戻すのが、故に「再話」の第一の役割なのです。

【例1】　にんじん　ごぼう　だいこん

むかしむかしあるところに、おばあさんがひとりで暮らしておりました。ある晩のこと、おばあさんはひさしぶりにお風呂をわかしました。

すると、にんじん、ごぼう、だいこんが、おそろいでやってきました。

「ばあさん、ばあさん、今夜は風呂をたいたようだが、わしらにもはいらせてくれ」

おばあさんは、

「ああ、いいとも、いいとも。いくらでもはいってゆけ」

というわけで、三人はお風呂をいただくことになりました。

まず、にんじんがはいりました。

すると、とてつもなくあついお湯でした。けれどもにんじんは、ぐっとこらえてお湯につかっていました。そのうちがまんしきれなくなりお湯からでると、体じゅう、まっ赤になっておりました。

次に、ごぼうがいきなりお湯にとびこみました。ところが、お湯はまだ大変なあつさでした。

「うぁっちちっちちっちー」

ごぼうは大騒ぎでとびだしましたが、体は泥だらけのままでした。

最後に、だいこんがお湯にはいりました。すると、ようやくいい湯かげんになっていました。

そこでだいこんは、ゆっくりと思う存分お湯につかり、それから体じゅうをよくあらいましたので、輝くばかりの美しい肌になりましたとさ。

・参考文献

『中国山地の昔話――賀島飛左嫗伝承四百余話』稲田浩二・立石憲利、三省堂。

『日本の昔話1　はなさかじい』おざわとしお再話、福音館書店。

「にんじんさんが赤いわけ」『おむすびころころ　かさこじぞう　ほか』松谷みよ子文、講談社。

すでに採取・記述・再話されたもの（右記収載のものなどを参考にさせていただきました）をもとに、筋立てに必要な最小限の内容に絞って、語調を整えたものです。何度か素語りをしたあと、実際ににんじんやごぼうやだいこんになってお風呂にはいる様子を、お芝居のように（ごっこ遊びのように）、子どもと一緒に表現してみてください。それもとても楽しいでしょう。あるいはこちらからし向けなくとも、子どもの方から身体を動かし始めることもあります。そのときは自由にさせてください。

【例2】　大工と鬼六

昔むかしあるところに、たいそう流れの速い川があった。幾度橋をかけようが、たちまち流されてしまった。

村の衆はほとほと困り果てていた。

ある晩の寄合いで、ああでもないこうでもないと知恵を寄せ合った挙げ句、「これはひとつ、村の大工の甚五郎に頼んで、丈夫な橋をかけてもらうしかねえぞ」ということになり、みなで甚五郎の家に押しかけた。

甚五郎は、威勢良く承知した。そしてすぐさま川の様子を見に行った。ごうごうと逆巻く水をみながら、「こんなに流れの速い川に、橋をかけるなどとは、たいそうなことだ」としばらく思案にくれていた。

すると突然、水面《みなも》が泡立ちはじめて、ぽっかりと大きな鬼が顔を出した。

びっくりしている甚五郎にむかって、鬼は、「おーい、大工の甚五郎。何を考えこんでいる」

と尋ねた。

「おれは村の衆に頼まれて、この川に丈夫な橋をかけねばならぬ」

甚五郎がやっとのことで答えると鬼は、

「お前の目玉をよこしたら、かけてやってもよい」

といった。

大工の甚五郎は、目玉をとられるのはいやだが、村の衆との約束は果たさねばならぬ、もうどうにでもなるがいいと思って、

「そんなら橋をかけてくれ」と言ってしまった。そしてその日は家へ帰った。

翌朝甚五郎が川へ行ってみると、これはまた丈夫で見事な橋が出来上がって、向こう岸までしっかりと架かっていた。

「おーい、大工の甚五郎。仰天して立っていると、早速鬼が出てきて、
橋をかけてやったぞ。約束どおり、お前の目玉よこせ」

といった。

甚五郎は怖くなって、

「目玉だけは、かんべんしてくれ」

と泣きついた。

すると鬼は気の毒になって、

「これから三日目の朝にまたここへやってこい。そのときわしの名がわかったなら、目玉はとらずにやる」

といった。

甚五郎は慌てて家に帰って、一晩中鬼の名前を考えてみたが、一向に思い当たらない。

翌日は、村の衆に聞いてまわったが、誰も鬼の名前を知っているものはいなかった。

そして次の日、甚五郎は途方にくれて山へ出かけた。当ても無く山奥へはいってゆくと、遠くの方から、

　早く鬼六　まなく玉
　　もってこば　ええなあ

と、か細い声で子守り歌が聞こえて来た。

甚五郎はこの歌をきいて、はっとわれに返り、よろこび勇んで家へ帰っていった。

さて三日目の朝、甚五郎は約束どおり川へ行った。すると早速鬼がぽっかりと大きな顔を出し、

「さあ、俺の名前を当ててみろ。当たらなかったら、目玉をよこせ」

といった。

そこで甚五郎はすかさず大きな声で答えた。

「お前の名前は、鬼の鬼六だあ」

これをきいた鬼は大変くやしがって、水から上がり、甚五郎に襲いかかろうとした。

甚五郎が思わず、

「鬼の鬼六、消えてしまえ」

と叫ぶと、これはいかなこと、鬼は影も形もなくなって、すっかり消えてしまったということだ。

・参考文献
『日本民話選』木下順二作、岩波書店。

『日本の昔ばなしIII』関敬吾編、岩波文庫。

『続・日本のお話一〇〇』やすいすえこ文、フレーベル館。


ここでは『大工と鬼六』(右記に収載のものなどを参考にさせていただきました)という話を、語調を整えるだけでなく、大工に名まえをつけ、そしてお話の展開も幾分変えてみました。

そもそもこのお話の核心テーマが「名まえ」にあるのです。すなわち、人間が未だ制御することのできなかった大いなる自然の力(鬼)を、物事の成り立ちを知る人間の智恵(大工)が解明してゆく(名まえを捜す)顛末が語られているのです。ですから解明する側の方も名まえがあった方が、両者の関係性がよりはっきりすると思い、甚五郎とつけてみました。ただし、「名づけ」ることにより、かえって本質をはずしかねませんので、直観的にピタリとくるものがなければ、そのままにしておいた方がよいと思います。

3 海外の童話の翻訳

小学校にあがるくらいになったら、身近な風物とは違う世界を知り、他の文化と出会うことの歓びが感じられるようになります。ですから外国語教育もこの時期に始められることが望ましく、それもひとつの言語ではなく、洋の東西から一言語ずつが選ばれることが理想です。わが国では英語教育はさかんですが、それも異文化を知るためというよりも、国際政治や経済のための予備知識という傾向が強いと思います。あるいはそこにすらも至らず、単なる受験の準備作業になり下がっています。そうではなく、言語教育というものは本来、異文化に出会うことにより、人種や民族の違いをまず知り、しかしその根底に普遍的な人間性というものがあるということを知るためにあるのです。その意味で、小さい頃にアジアの言葉と文化に出会うことはとても大切で、そこには日本が失ってしまった東洋的なもの、あるいは日本にも西洋にもないものが存在しているので、こころを重層的に形造ってゆくことができるからです。つまり自分と他人、母国と外国、白と黒、敵と味方というような二元的な考えから脱却して、西洋―自分―東洋、内―自己―外、という三元的・重層的な考えを持つことの基盤が形成されるのです。

ですから理想をいうなら、東西のお話を東西の言語で、グリムの童話はドイツ語で、ジェイコブスの童話は英語で、そして中国やアジアの諸国に伝わる民話もそれぞれの言語で、ということになりますが、それはとても実現不可能です。

そこで翻訳ということになります。しかし、西洋の言葉のように日本語からはるかに隔たったものを、言語の力を失わずに翻訳することは非常に難しいのです。

私はここにジェイコブスによる童話を一篇訳出してみました。言語本来の力と勢いを失わない翻訳の試みの第一歩です。

【例1】 もろこしパン

昔々あるところにおじいさんとおばあさんと小さい男の子がおりました。

ある朝おばあさんはもろこしパンをこねると、かまどに入れて焼き始めました。

「おじいさんとあたしは畑へ行ってくるから、おまえはそのあいだ、このもろこしパンをよく見張っているのだよ」

そうしておじいさんとおばあさんは小さな男の子をかまどの番に残して、じゃがいも掘りに出かけてゆきました。

けれども男の子はしっかりと見張ってはいなかったのです。

突然大きな音がしたので、男の子がそちらを見ると、かまどの扉がパーンと開いて中からもろこしパンが跳び出し、開いている戸口の方へコロコロコロコロ転がってゆきました。

男の子は扉を閉めようと駆け寄りましたが、それもかなわず、もろこしパンは素速く戸口から転がり出ると、階段を降り、つかまえようとする男の子を後にして、表の道へと飛んで行ってしまいました。

男の子はありったけの力を振り絞って追いかけながら、おじいさーん、おばあさーんと叫んだので、騒ぎを聞きつけたふたりも、すきをポーンとふり捨てるや追いかけっこに加わりました。けれどももろこしパンは三人をはるかに離してやがて姿も見えなくなりましたから、三人は息を切らせて土手に坐り込んでしまいました。

道を先へとゆくうちに、もろこしパンはふたりの井戸掘りに出会いました。男たちは仕事の手を休めて見上げると、大声で叫びました。

「おーいもろこしパン、どこへゆくんだ」

するともろこしパンの言うには、

「僕はおじいさんもおばあさんも、それから小さな男の子もみんな走り負かしたぞう。おまえらにだって軽く勝っちゃうぞーう」

「なんだとー。俺たちを負かすだとー。そんならやってもらおうじゃないか」

ふたりの井戸掘りは言うが早いか、つるはしを放っぽらかしてもろこしパンを追いかけました。けれどもすこしも追いつけずに、やがて道ばたに坐り込んでしまいました。

道を先へとゆくうちに、もろこしパンはふたりのみぞ掘りに出会いました。男たちが声をかけました。

「おーいもろこしパン。どこへゆくんだ」

するともろこしパンの言うには、

「僕はおじいさんもおばあさんも小さな男の子も、それからふたりの井戸掘りもみんな走り負かしたぞう。おまえらにだって軽く勝っちゃうぞーぅ」

「なんだとー。俺たちを負かすだとー。そんならやってもらおうじゃないか」

ふたりのみぞ掘りは言うが早いか、スコップを放っぽらかしてもろこしパンを追いかけました。けれどももろこしパンは、またもやあっという間にふたりの男をおいてけぼりにしてしまったので、男たちはこんなことじゃあどうやったってつかまえられるわけがないと、追いかけっこをあきらめて、坐り込んでしまいました。

コロコロコロリン　コロコロリン
コロコロコロリン　コロコロリン
もろこしパンに　負けたなら
じっちゃんばあちゃん　かなしかろ
コロコロコロリン　コロコロリン
コロコロコロリン　コロコロリン

道を先へとゆくうちに、もろこしパンは一匹の熊に出会いました。熊が声をかけました。

「おーい、もろこしパン、どこへゆくんだ」

するともろこしパンの言うには、

「僕はおじいさんもおばあさんも小さな男の子も、ふたりの井戸掘りもふたりのみぞ掘りもみんな走り負かしたぞう。おまえにだってチョチョイのチョイで軽く勝っちゃうぞーう」

「なんだとー俺さまを負かすだとー、ウー」

熊は低くうなりました。

「そんならやってもらおうじゃないか」

言うが早いか、熊はあらん限りの早歩《はやあし》で追いかけましたが、もろこしパンは振り返りもせずどんどんどんどん駆けていってしまいます。あっという間においてけぼりをくった熊五郎は、こんな獲物を追いかけたって少しの得にもなりゃしませんと、道ばたにぐにゃりとのびてしまいました。

コロコロコロリン　コロコロリン
コロコロコロリン　コロコロリン
もろこしパンに　負けたなら
じっちゃんばあちゃん　かなしかろ
コロコロコロリン　コロコロリン

コロコロコロリン　コロコロリン
もろこしパンと　走るとき
くまどんくつはきゃ　くるしかろ
コロコロコロリン　コロコロリン
コロコロコロリン　コロコロリン

道を先へとゆくうちに、もろこしパンは一匹の狼に出会いました。狼が声をかけました。

「おーい、もろこしパン、どこへ行くー、ウォー」

するともろこしパンの言うには、

「僕はおじいさんもおばあさんも小さな男の子も、ふたりの井戸掘りもふたりのみぞ掘りも、熊も、みんな走り負かしたぞう。おまえにだってチョチヨイのチョーイのへのかっぱで、軽く勝っちゃうぞーう」

「なんだとー俺さまを負かすだとー、ウォー、ウォー」

狼は恐ろしい吠え声を上げました。

「そんならやってもらおうじゃないか」

言うが早いか狼は全速力で宙をとんで追いかけましたが、もろこしパンはそれにもまして韋駄天さえも適わない逃げ足ですっとんでゆきます。そこで狼親分も、こんな手合いに勝ち目は百にただのひとつもありゃしねえーと、これまたべたりとのびてしまいました。

コロコロコロリン　コロコロリン
コロコロコロリン　コロコロリン
もろこしパンに　負けたなら
じっちゃんばあちゃん　かなしかろ
コロコロコロリン　コロコロリン
コロコロコロリン　コロコロリン
もろこしパンと　走るとき
くまどんくつはきゃ　くるしかろ
コロコロコロリン　コロコロリン
コロコロコロリン　コロコロリン
もろこしパンに逃げられて
おおかみおやぶん　おおあわて
コロコロコロリン　コロコロリン
コロコロコロリン　コロコロリン
コロコロコロコロ　コロコロコロコロ

コロコロコロコロ　コロコロコロコロ　コロコロリン

道を先へとゆくうちに、もろこしパンは一匹の狐に出会いました。狐は、とある柵の一隅に静かにねころがっておりました。狐はねころがったまま、鋭い声で呼ばわりました。

「おい、もろこしパン、どこへゆく」

するともろこしパンの言うには、

「僕はおじいさんもおばあさんも小さな男の子も、ふたりの井戸掘りもふたりのみぞ掘りも、熊も狼も、みんな走り負かしたぞう。おまえにだってチョチョイのチョーイのへのかっぱで、軽く勝っちゃうぞーう」

すると狐は幾分首をかしげながら言うのでした。

「おまえさんの言うことがはっきりとは聞こえないんだ、もろこしパン。ほんの少しこっちに近寄ってくれるとありがたいんだがなあ」

もろこしパンはここで初めて足を止め、狐に少し近寄ると、大きな声で叫びました。

「僕はおじいさんもおばあさんも小さな男の子も、ふたりの井戸掘りもふたりのみぞ掘りも、熊の熊五郎も、狼の大親分も、みーんな走り負かしたぞう。おまえにだってチョチョイのチョーイのへのかっぱで、軽ーく勝っちゃうぞーう」

すると狐はもろこしパンの方に首をつき出し、一方の前足を耳の後ろに当てると、やっと聞きとれるかとれない程のかすかな声で言いました。

「ほんとうによく聞こえないんだ、おまえさんの言うことがなあ、もろこしパン。もうあと少ーしだけこっちに近寄ってくれるとありがたいんだがなあ」

もろこしパンは狐の真ん前まで歩を進め、狐に身を投げかけんばかりにして、金切り声をあげました。

「僕はおじいさんもおばあさんも小さな男の子も、二人の井戸掘りも、二人のみぞ掘りも、熊の熊五郎も、狼の大親分も、みーんな走り負かしたぞーう。おまえにだってチョチョイのチョーイのへのかっぱで軽ーく勝っちゃうぞーう」

「なんだって、俺様を負かすだと」

狐はコーンと一声あげるやとびかかって牙をむき、またたく間もなくもろこしパンをひとのみにしてしまいました。


ジェイコブスが採取したもの（*English Fairy Tales*, by Joseph Jacobs に収載）を、ごく忠実に訳出したものです。ただし挿入された歌は、子どもたちのための「ひとり芝居」をした際に入れたものです。

因みに外国のものへと進む前に、自国内にある異文化を知る必要があります。それは日本においてはアイヌや沖縄のことで、いずれもとてつもなく豊かな言語や言語芸術の宝を保有しています。このような民族の宝を共有できたとすれば、それは大変素晴しいことなのですが、これからの課題として付記するに留めます。

III 祈り

「祈り」とは、何かを願い何かに拝むことだけでなく、自らを神に合一させ、その神的存在を自らの内に見出すことでもあると、私は常々思っています。

神的存在である「原像」は、昔話や和歌、そして演劇芸術を通して子どもたち・若者たちのこころに受容・修得されますが、「祈り」においてはその経緯・現象が、さらに個体化し純化します。

Om, sri sama sampurna ya namah suwaha

オーム、すべてが優れて完全でありますように

右はバリ・ヒンドゥ教のサンスクリット語による祈りですが、言葉のリズムと響きが、これまで取り上げてきたいずれの言語芸術においてよりも、その内容に溶け込んでいます。それはあたかも、神の滴「ティンクトゥール」が人のこころのひだに天よりの甘露として浸み渡ってゆくようです。すなわち「祈り」において、響きと内容・形態と内容・精神と物質・大宇宙と小宇宙は、完全なる合一を果たすの（または、果たすべきなの）です。

このような観点から、子どものこころに無理なく自然に優しく響く「祈り」の言葉が求められます。

その一例をすでに私は、第5章（五五〜五六頁）で取り上げました。ですからここでは別の例を掲げたいと思います。

【例1】

一日がおわります
たくさん遊び
たくさん働いたあとで
星空へかえります
女神さま母神さまのもとへかえります
さわやかな朝のめざめまで

【例2】

夜の帳《とばり》が降りてくると
星々の囁きとともに
精霊たちの声が聞こえてくる

昼の間は木や草や石のむこうで
私たちを見守ってくれていた
彼らがともにいてくれれば
夜の舟出ももうこわくない

例1は沖縄の「てぃ〜だ」の子どもたちのために、例2は「まるめろの木」の子どもたちのために創ったものです。

このほかにも「まるめろの木」では、年度の始めに、ひとりひとりの子どもに金言のようなものを読んで渡します。それは私たちスタッフが、彼らのこころの安定した成長を祈ったものなのです。

【例3】小夜更けて　月明かりの下にまどろめば　温き夢の道拡がらむ
【例4】ある朝目を覚ますと　私は世界の真ん中に立っていた
【例5】鳥の声に耳を澄ますと　生命の音がする
【例6】目を閉じて深く息をしたときに何が見えますか　何か見えたら教えてください
【例7】うたは宝　言葉は黄金
【例8】踊る心　踊る足

右の例、3と4、5と6、7と8は、それぞれ同じ子どもに別の年に贈ったものです。その子の成長の状態を見極め、言葉がその状態を把握しつつ更なる成長へ向けて励ましているのがおわかりでしょうか。私たちは、これらの言葉の力が、響きと内容との融合したものとして、子どものこころに浸み込んでゆくことを信じているのです。

私は夜、床にはいる前に、彼らのことを思い浮かべます。東京や沖縄の子どもたち、ドイツやバリの子どもたちのことを想い出します。私は純一くんのために祈り、りょうすけくんのために祈り、グストラのために祈ります。すると私はその晩、青い雲に浮かんだ上弦の月の舟の上で彼らと出会い、夜の船旅を共にするのです。

あとがき

本書の草稿がほぼでき上がったころ、親しい友人の意見を聞くために幾箇所かに目を通してもらった。

その折、友人が子どもたちの事例に強い興味を示し、感心してくれたので、

「ここには成功例が書いてあるのだけれど…」

と言いかけて、ハッと思った。

そもそも私の治療教育に、成功も失敗もあったろうかと。

私は彼らとともに美を創造したのである。美の創造行為に成功も失敗もない。なぜならここで言う「美」は、相対的なもの・過ぎ去るものではないのだから。

巷《ちまた》に教育の荒廃が叫ばれる。

しかし少なくとも、私と子どもたちの出会いのなかに荒廃はない。もちろん子どもとの関

係がうまくゆくとは限らない。それどころか相当にてこずる子どもたちも多い。互いの信頼関係ができ上がるまでに数年かかる子さえいる。けれどもそれは「荒廃」ではないだろう。苦労や苦心と「荒廃」とは違うのだ。苦労してさまざまな問題を克服して初めて得られた信頼の方が、喜びも大きくかつ崩れにくいということもある。それは「美の創造」「美の誕生」のための陣痛なのである。

私がこれまで見てきた限り、現代の教育現場における一番の問題点は、大人と子ども・親と子・保母と園児・教師と生徒の間の信頼関係というものを、大人の側が先験的《ア・プリオリ》に存在すべきものだと決めつけていることである。これすなわち自分本位／利己主義である。

子どもは大人の言うことを聞くもの、というのは誤った認識である。子どもは本来大人の言うことを聞かないものなのである。

これはけっして性悪説ではない。人間をよく観察すればわかることなのだ。生まれたばかりの赤ん坊が、かしこまって居住まいを正し、「これより一生よろしくお願いいたします」と言うだろうか。そんなことをするどころか、赤児は自らの欲するものを得るまで泣きわめき続けるであろう。けれどもこれこそが、生命・生命力というものの自由な表出なのである。そしてそれは人間が成長をし続ける限り存在するものである。

大いなる生命の勢い盛んな表出に、その折々相応しく方向づけること、形態を与えることが、教育の本来の使命である。——それは生命の憤出を押し留めることではない。流れを止めることではない。流れる方向を見つけ、流れるに差し障るものは取り除いて、いつかはその流れが野山を潤し美しい湖水を形造るように手伝うのである。つまり教育は「自分本位」ではなく、「子ども本位」でなければならない。

子どもの言語修得、あるいは子どもへの言語形成の働きかけも、そのような「生命力の方向づけ・形態づけ」の重要なひとつである。

母は子に対して、言語の訓練をするわけではない。母は慈しみ深く語りかけ、すると子どももはいつか、その言葉を繰り返す。

勢いよく吹き出してくる子どもの生きる衝動。そのとき母親が共に唱《とな》え共に歌えば、生命は美しいリズムを得、よりいっそう生き生きとするだろう——「わらべうた」のことである。

言語に限らず、生活全般、あらゆる面での子を慈しむこころと行為が、かつての家庭では成り立っていた。それを大人たちは、いつしか経済性や社会的地位のために売り渡してしまった。

いや、そんなことはない。今でも親の言うことをよく聞き、教師に協力的な子はいくらでもいる。そういう異論があるかもしれない。しかし果たしてそうだろうか。

もしもこの社会のなかで、そのような優等生がいるとすれば、それは彼らの生命力が受験や世間体やあるいは虐待等で無理に押さえつけられているか、それともいつの日にかの爆発を待っているかのどちらかだろう。たとえば昨今起きている若年層による殺傷事件の多くが、いわゆる「優等生」によってなされているではないか。

けれども私はそのような子どもたち、若者たちの出現の責任を、その親だけにとらせようなどとはゆめ思わない。彼らは私たちの時代と社会が生み出したのである。彼らをそのようにさせてしまった責任は私たち皆にあるのだ。社会全体が子どもたちを、あたかも家畜のように扱ってはいないか。学校を社会に役立つ人間の大量生産工場にし、家庭をその下請け業者にしてはいないか。

以上のような大きな問題を、ゆっくりと、しかし確実に解いてゆくために、私はかつて祖母から受けた慈愛のこころに訊ねてみた。すると祖母のこころは私の裡《うち》で甦《よみがえ》り、おぼろな暗示を与えてくれたのだ。

そのような祖母からの愛を、私はこの問題をともに考えてくれている友人たちに折に触れ、それぞれに相応しい形で話し伝えてみた。そしてそれら想起・伝達の体験が私の幼き日々を客体化してくれ、本書の執筆を可能にしてくれたのである。

まず、千葉県下の子を持つ親たちの学習会ＬＥＡＦで、子育てにおける待ったなしの質問に、彼らが充分に納得のゆく答えを与える義務を私は持っている。父母たちの眼差しは真剣で、私に通り一遍の受け応えを許さない。ときに私はその日の午後、彼らの子どもたちにも会うことがある。「てっこうじ」（昔話『狐女房《きつねにょうぼう》』からの名称）と名づけられた個別セッション・プログラムで、一組み一組みの母と子の未来に向けて、短時間でき得る限りの水先案内を試みる。私は自己のエッセンスを彼らに捧げる。それはかつて、祖母が私に捧げてくれたものだ。一組みまた次の一組みと、エッセンスを絞り出し、捧げ続ける。集中した儀礼的場《トポス》は十組み、あるときは二十組みと重ねられる。しかし同時に私は、十人、二十人のその子たちから生きる勇気を与えられるのだ。最後の組みは通常、夕闇に紛れてのセッションとなる。私がなかなか電灯をつけないので、始めは不思議に思われたが、最近ではもう「暗闇の好きな川手先生」で通っているので、みなも当然のように闇のなかに紛れている。けれどもその闇のなかに、子どものこころの光を見出すことも多いのである。その後私は、疲れきった肉体と最高潮に高揚した精神とともに、やはり県下にある、まりの通う定時制に向かう。足をひきずりながら坂を登り、門をくぐり、まりたちの待っている保健室へと向かうのだ。

次に私は、さとうきびの白い穂そよぐ西原で、青く、また陽の強いときにはぶどう色に輝く「てぃ〜だ」館の屋根の下、沖縄の人びとと子どもたちの優しさにくるまれる。その優しさは祖母の優しさと同じ優しさである。そのくるまれ心地は、祖母の慈愛にくるまれたときと同じ心地である。沖縄の人びと・沖縄の子どもたちは、私に私の本質を想い出させてくれる。教育の本来を教えてくれる。故に私は理想とする治療教育施設をいつかこの島嶼《とうしょ》にと、願い続けている。

〈二〇〇二年四月には理想実現の第一歩として、沖縄の母たち子どもたちとともに学び、彼らに芸術教育やテラピーを充分に施してさし上げることのできる場「うーじぬふぁー（さとうきびの穂）」を開設することにした。二〇〇一年七月現在、「てぃ〜だ」のスタッフやご父母など多くの方々のご協力により、開設準備活動を行なっている〉

あるいはまた、各地で催されている昔語りゼミナール「とらおおかみ」で私は、教師や保母など教育現場に携わる人びとや、子を持つ母たち父たちと共に、昔話の大切さを語り合ってきた。そのときこころにいつも甦るのは、祖母がよく話してくれた、二つの短い話（第8章「信仰と真実」参照）である。これほど短い二つの話が、私の精神形成の最も豊かな糧であったことを彼らに伝え、今度は彼らが自らの子ども・自らが接する子どもたちのために、新しい時代の「昔話（創作話）」を創造するように励ました。そのごく一部は今回「補遺」で紹介することができたが、実はほかにも素晴らしい作品がたくさんできている。それらもいつの日か、日本の子どもたちのために紹介できることを願っている。

そして私にとって最も身近で、日夜私を叱咤激励してくれるのは、表参道のわがアトリエに通ってくる「まるめろの木」の子どもたち・親たち・スタッフ、そしてそのほか個人的に定期レッスンに訪れる子どもたちである。そのなかには一九九三年の春に欧州より帰国して以来、通ってきてくれている子どもたちがいる。私が修行し実践した、欧州における芸術教育と言語テラピーは、彼らの存在を通して初めて、日本という土壌に種撒き、根づかせることができた。また帰国当初の数年間というもの、私は表参道の小さな「城」から外に出ることをしなかった。私の許に通う子どもたちと支えてくれる研究所のスタッフ・関係者とのみ付き合い、そのため後になって社会的活動に自分の理想と信念を反映させてゆくうえでの強い求心力を充分に蓄えることができた。彼らは私の手本であり、鏡であり、相談相手である。それはここ数年、私が自分の教育理念を世に訴えるようになってからも変わらない。表参道のアトリエ（藝術・言語テラピー研究所「青い丘」ならびに、青い丘・表参道學舎）とそこに集う人びとは、常に帰るべき家であり、歓びを分かち合い、苦しみを共に乗り越える家族である。

私はまた、ことあるごとに東南アジアの国々を訪れる。なかでもここ数年、タイ、ラオス、そしてインドネシアのバリ島に足繁く通っている。バリには優れた宗教文化と儀礼舞踊があり、タイには荘厳麗雅な寺院がある。ラオス、タイの東北部イーサーン、そしてインドネシア諸島には、貴重な染織文化が残っている。タイの古都アユタヤの巨大な涅槃仏《ねはんぶつ》（横たわる仏陀）の前に自らの卑小さを知り、アンコール・ワットを準備した数々のヒンドゥ寺院にクメール族建築技術の比類なき高さを敬い、ラオス国ヴィエンチャン都の朝市で絹織物の商人たちと丁々発止の値段交渉をし、そしてバリのバングリ旧王国では「魔女ランダの舞い」を舞う。このような旅は実のところ、私の治療教育と深く結びついている。なぜならそこに、目に見えぬ存在を畏れ尊ぶ人びと、貧しさを助け合い誇り高く生きる人びと、輝く眼と歪みのない表情をした子どもたちと出会い、語り合い、こころの底から共に笑い歓ぶことができるからである。そこには、治療教育に不可欠であり、現代の学校と家庭教育においても最重要と思われるすべてがあるのだ。すなわち、畏怖と敬意の念、自己の尊厳と助け合うこころ、そして生きることとの歓びである。

以上のようなさまざまな出会いと学び合い、豊かな喜怒哀楽が、本書の一文字一文字に結晶していったのである。私はこれらの貴い出会い、こころの美しき人びと、素晴らしき芸術と大自然に深く感謝する。

因《ちな》みに第3章〜第5章・第7章・第10章は先述のグループ、ＬＥＡＦの会報に載せたものに加筆訂正したものである。第6章と補遺は「とらおおかみ」の講義録を参考したもの、残りの第1章・第2章・第8章・第9章・第11章は、二〇〇一年二月末から四月初頭まで、バリ－タイ－ラオス－沖縄と旅した際に先々の宿で書き記したものである。

ところで私の施す言語テラピーと芸術教育は、その方法論と世界観において、一九八二年から九三年までの十二年に亘る欧州での修行と実践が根幹になっている。しかし今回の執筆に際しては、できる限り欧州色を押さえるように試みた。

その理由は二つ。

まずこのたびは、小さな子を持つ母親を主なる対象に書いたので、何かと言うとゲーテだノヴァーリスだでは、特に若いお母さま方には食傷気味になることが予想されたこと。

もうひとつには、日本の母たち・子どもたちのためなので、やはり日本文化を大切にして書くべきだと思ったこと。

この二点、いずれも「LEAF」や「とらおおかみ」のお母さま方、そして誠信書房編集部の松山由理子氏からの強い要請でもあった。

私はこれらの要請と励ましに沿って書き出し、書き続けた。彼らの献身的な忠告・鼓舞に、どれほど伏礼しても足りない。

そして合わせて、これらの想いと伝言が世の耳目に届くよう、本書出版を実現してくださった誠信書房社長柴田淑子氏に深く謝意を表したい。

ところで欧州在住以前、私は青春期を北米大陸で過ごしており、日本体験と言えば十七歳以前にほぼ限定される。

それ故日本のことを書こうとすると、自ずと幼児期から少年期の日々が甦ってきた。なつかしい日々の地平から浮かび上がってきたのが、祖母の顔と愛情だったのである。とはいえ、言葉の端々に私の「欧州」は滲み出てはいる。それらはいったん押さえたうえでの表出なので、東西が加減よく調和するようにできたと自負している。

さてその「欧州」のなかで、このたびどうしてもはずすことができなかったのが、表紙の絵、ハンス・イェニー作『月に象』である。スイスの医師であったハンス・イェニー(Hans Jenny, 1904-1972) は、大自然を敬愛し、なかでも動物たちをこよなく愛した。

動物たちは世界言語から生まれた象形文字である。
そしてまた万有とその似姿に人を導く印でもある。
その封印は、動物を愛するものにこそ解き明かされる。

(ハンス・イェニー)

イェニーは動物とそれを取り巻く大自然を愛しただけでなく、その生命の営みの崇高なる神秘に迫ろうとした。その結果、人類科学史に残る研究Kymatik波動形態学を集大成したのである。

そこでは音の響きが力動的に形態化される。すなわち振動板に水、水銀など特定の液（粉）状物質をのせ、音を伝導させると、振動数に応じた形が現出する。この研究からイェニーは、鉱物の結晶から植物の胞子、動物の骨格、そして天体の運行や民族古布の模様、寺院・神殿の護符や封印まで、形而上下を問わずに共通の形状には必ず宇宙普遍の力が響いていることを確信した。それはかつてピュタゴラスが「天体の音楽」と名づけたものであり、ゲーテが「太陽の轟《とどろ》き」と表現したものである。奇しくもピュタゴラスはそこから数学を創始し、ゲーテは植物変態論と色彩論を展開させ、イェニーは派動形態学を確立した。そして芸術分野において三人の天才は、それぞれ音楽・詩・絵画を受け持ったのである。

イェニーの絵画を前にすると、そこに描かれた動物たちが、果たして地上のものなのかと、いつも問いかけたくなるものだ。その絵は写実でもないし、かと言ってデフォルメでもない。

そこには大自然の諸力と一体になった、ひとつの「原像」が現れている。それは彼が波動形態学の研究を通してつかんだ「響きの形」と同一のものである。そして古今東西の画家のうちでも、キャンバスに「原像」を表出しきれた者は少ない。であるからこそ、ミロはイェニーの動物画を前にして自らを「画家」と呼ぶことを恥じ、シャガールは見も知らぬ若者（ミロもシャガールもすでにその当時世界に名を馳せていた）の作品を初めて見て、「私はこの人を愛する」と語ったのだろう。

『月に象』には、本書一冊をかけて伝えようとしたことのすべてが見事に表出されている。真実を伝える月の輝きと掛け値なしの愛情を表わす象の姿。その光と熱こそが、教育の阿吽《あうん》であり、治療教育のA《アルファ》とΩ《オメガ》である。昔話やわらべうたが太古より守り伝えたものである。私が祖母の想い出を基にして、母たちに訴えたかったことである。

縁あってイェニーの遺族、マリア夫人やエア嬢と知り合い、間接的にではあるがイェニーの人となりに触れる機会に、恵まれてきた。このたびも彼女たちは、絵の使用を快く承諾してくれた。ここに感謝の意を表したい。

私は今少しずつ、ハンス・イェニーの業績・作品を、本邦に紹介し始めている。そのなかに、画家が幼い頃のエアのために描いた、心温まる連作がある。それらの美しい動物たちを、ぜひとも日本の子どもたちに引き会わせたいと思っている。子どもたちは必ずやその動物たちを愛するだろう。その動物たちから、愛することは何かを学び取るであろう。

さて、本書の執筆と校正の大きな部分は、この旅中にすることができた。賢治が彼の素晴らしき童話の数々を「……林や野はらや鉄道線路やらで、虹や月あかりからもらってきた」のであるならば、私は本書の内容をより生き生きと語り伝えるための言葉の響きと躍動を、バリ島の夜空に輝く南十字星や、メコンやチャオプラヤーの悠久なる流れ、そして涅槃仏の向こうに沈む七色の夕日から受け取ったのである。

二〇〇一年四月　古都アユタヤにて

（本文中の人名は仮名である）

チャオプラヤー河の夕暮れ

著者紹介

川手　鷹彦（かわて　たかひこ）

演出家。言語テラポイト。
1957年　東京生まれ。
1989年　スイスの「ゲーテアヌム演劇学校」修了後，ゲーテアヌム舞台アンサンブル加入。
1991年　ドイツの治療教育施設「ハウス・アーリルド」で，自閉症・ダウン症・非行等の子どもたちの藝術教育・言語テラピーに携わる。
1993年　帰国。藝術・言語テラピー研究所「青い丘」設立。
1996年　母と子の学びの場「まるめろの木」開設。
2000年～法務省保護局の依頼による演劇プロジェクト「オイディプス王」を総指揮，演出。
2001年　沖縄に治療教育研究所「うーじぬふぁー」設立。
2002年　東京で心の保護を求める子どもたちの専門クラス「蝶の羽」開始。
現　在　藝術・言語テラピー研究所「青い丘」（〒141-0001 東京都品川区北品川6-5-3）および治療教育研究所「うーじぬふぁー」（〒901-1301 沖縄県島尻郡与那原町字坂良敷610-8）主宰。
著　書　『隠された子どもの叡知』誠信書房，『心の傷を担う子どもたち――次代への治療教育と藝術論』（中村雄二郎と共著）誠信書房，『講座・生命　第5巻』中村雄二郎・木村敏監修（分担執筆）河合文化教育研究所，『イルカとライオン――自閉症，ADHD，不登校など八つの事例』誠信書房

子どものこころが潤《うるお》う生活

2001年10月13日　第1刷発行
2008年6月30日　第3刷発行

著　者　川手鷹彦
発行者　柴田敏樹
印刷者　西澤道祐

発行所　株式会社　誠信書房

〒112-0012　東京都文京区大塚3-20-6
電話　03（3946）5666
http://www.seishinshobo.co.jp/

あづま堂印刷　協栄製本
落丁・乱丁本はお取り替えいたします
検印省略　無断で本書の一部または全部の複写・複製を禁じます
© Takahiko Kawate, 2001
Printed in Japan
ISBN4-414-20211-6　C0037

心の傷を担う子どもたち【POD版】

次代への治療教育と藝術論

ISBN978-4-414-93016-0

中村雄二郎・川手鷹彦著

障害を持つ子どもたちや非行に走る子どもたちは，心に深い「傷」を負っている。彼らは私たちが受けるべき傷を肩代わりしているといえる。したがって私たちは，彼らの「痛み」がなんであるかを問いかけ，彼らの心の声に耳を傾けなければならない。現代日本の教育の問題点を明らかにし，子どもを尊ぶ教育文化の真の再生とそのための藝術の有り方を提言する。

目　次

第一部　対談

1「演劇的知」と「臨床の知」ならびに「南型の知」へ／2 悪を見つめること，病いを癒すこと／3 治療教育による文化の再生

第二部　教育について

4 哲学者の眼から／5 治療教育の観点から見た神戸の事件／6 文化の核心としての「治療教育」／7 日常生活における子どもと藝術

四六判並製　定価(本体2200円＋税)

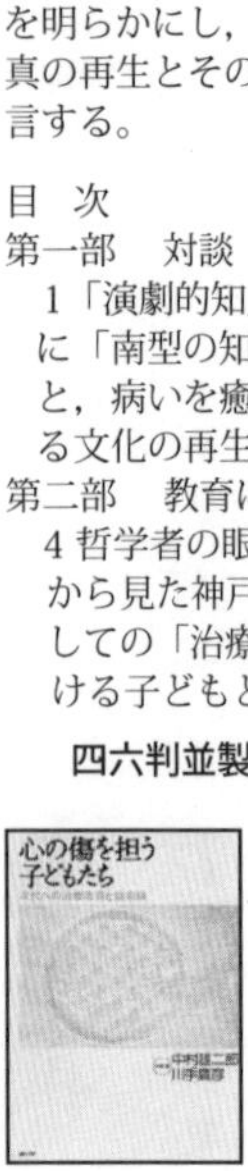

イルカとライオン【POD版】

自閉症，ADHD，不登校など八つの事例

ISBN978-4-414-93017-7

川手鷹彦著

東京，沖縄，バリ島，それぞれの地で，優れた治療教育家である著者が子どもと触れあう姿を描く。自閉症，ADHD，不登校という名で呼ばれる子どもたちが，演劇や物語を通してうちに秘めた力を顕わしてゆく様子が，本人や家族の手記等を通して感動的に伝わってくる。すべての教育に携わる人びとおよび子を持つ親たちに贈る。

目　次

1　心を通わせる子どもたち
2　絶え間なく動き回る子どもたち
3　自閉症の謎と使命
4　ぼくはうちゅう人だ
5　神々と芸術の島の若者たち
6　盗人の神ヘルメスと愛の精霊
7　家族の崩壊と知恵
8　心の傷で受け止める
9　宝石の心を持つ子どもたちへ
10　補遺　うち裡なる美の確立

四六判並製　定価(本体2300円＋税)

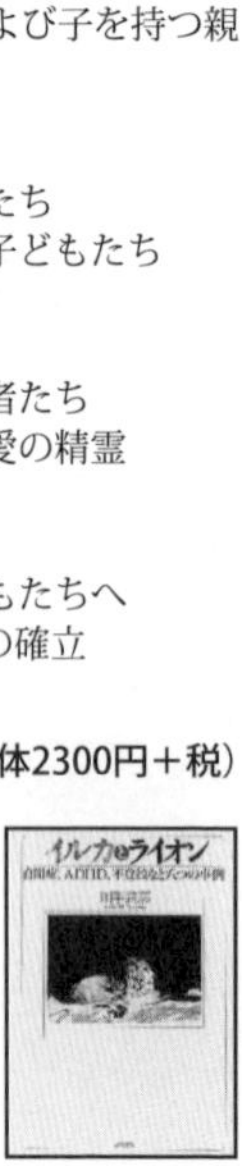

隠された子どもの叡知

北ドイツの治療教育施設での記録

ISBN978-4-414-40343-5

川手鷹彦著

バルト海の近くの美しい森に囲まれた治療施設で，自閉症・ダウン症・非行の子どもや若者たちと，芸術教育・言語セラピーを施す著者との瑞々しい心のふれあい，学びあいの記録。ゲーテやシラー，日本の「耳なし芳一」など東西の優れた詩や物語を素材に，子どもたちの心にまどろむ叡知を呼び醒ます。

目　次

序文　中村雄二郎

1　ブリーストトルフ便り

ハウス・アーリルドとの再会― 1991 年 春／言葉の治療教育／祝祭，年中行事，遠足／個別セッションの記録／言葉の力／耳なし芳一の話／物語詩「火のなかの足」／暇乞い

2　回　想

緒言／施設にやってくる子どもたち／森の家のグループの子どもたちと

3　帰　郷

1997 年 春／日本にて／旅中断想 Aphonrismus ／ 1998 年 春

四六判上製　定価(本体2350円＋税)

傷ついた生命を育む

虐待の連鎖を防ぐ新たな社会的養護

ISBN978-4-414-30327-8

金子龍太郎著

親から心身に虐待を受けたり養育を放置されたりした子どもたちをどのように育てていけばよいのか。当事者の語りを紹介するとともに彼らに専門的に対処し，適切に養育できる社会的養護の場を作るための理解を訴える。愛着理論の諸研究，児童福祉の実践とその歴史から具体的かつ先駆的な福祉システムと専門家の育成を提唱。

目次

1　傷ついた生命・傷つける生命

2　子ども虐待と愛着障害

3　施設養育の問題と課題

4　血のつながりを超える生命のつながり

5　傷ついた生命が育つために

6　新たな社会的養護

――SOS 子どもの村

7　子どもと家庭――温故知新

四六判上製　定価（本体2400円＋税）

女性が母親になるとき

あなたの人生を子どもがどう変えるか

ISBN978-4-414-40287-2

H．G．レーナー著　高石恭子訳

子どもをもつということが女性の人生にどのような影響を及ぼし，また女性の心理的な発達や人格の淘汰にどのように関わるかについて著者自身の体験をもとに書いている。今まであまり書かれることのなかった子育ての苦しみと喜びがユーモラスで読みやすい文章で綴られている。

主要目次

A５判上製　定価（本体2850円＋税）

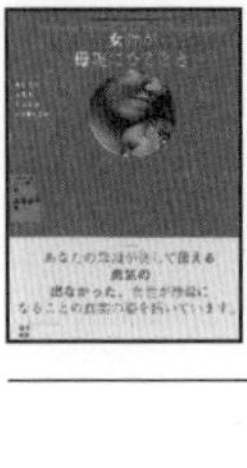

生きる心理療法と教育

臨床教育学の視座から

ISBN978-4-414-40341-1

皆藤 章著

子どもと関わる教師，親，家族が教育をめぐる現実の諸問題にいかに対処するかについて，臨床体験をふまえて提言する。子どもを治すのではなく，個々の子どもの生き方に沿って現代をいかに生きるかに共に向き合って行くことの大切さを教えてくれる。

目　次

四六判上製　定価（本体2500円＋税）